ABSOLUT LONDON

STEFFEN SCHMIDT

SIGHTSEEING & NIGHTLIFE
THEATER & MUSICALS
DRINK & DINE
SHOPPEN & SCHLAFEN
TIPPS & TRICKS

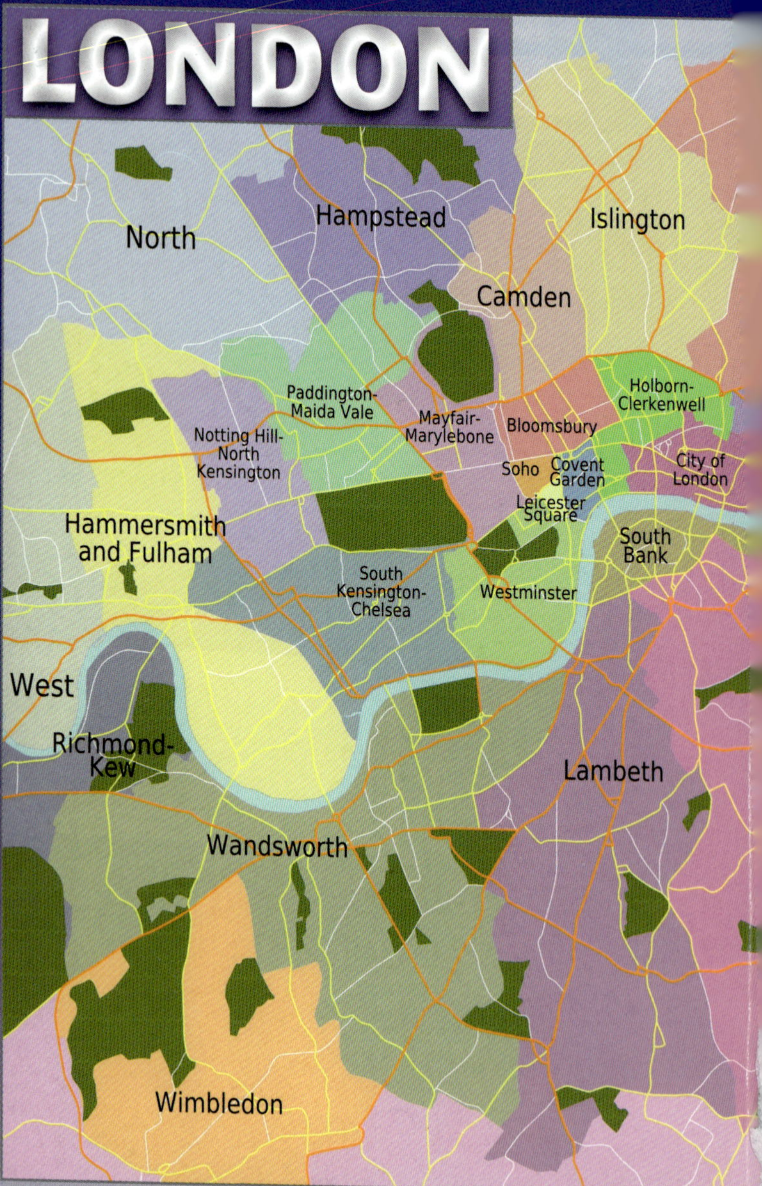

LONDON

North

Hampstead

Islington

Camden

Paddington-
Maida Vale

Holborn-
Clerkenwell

Mayfair-
Marylebone

Bloomsbury

Notting Hill-
North
Kensington

Soho

Covent
Garden

City of
London

Leicester
Square

Hammersmith
and Fulham

South
Bank

South
Kensington-
Chelsea

Westminster

West

Lambeth

Richmond-
Kew

Wandsworth

Wimbledon

Einleitung

"You find no man, at all intellectual, who is willing to leave London. No, Sir, when a man is tired of London, he is tired of life; for there is in London all that life can afford." – Samuel Johnson (1777)

Dr. Johnson bringt es auf den Punkt. London bietet alles, was das Leben in petto hat. Knapp 1.000 Jahre Geschichte sind allgegenwärtig, aber ebenso all die Vorzüge einer modernen, lebendigen Großstadt mit einem herausragenden Kulturangebot, mit Theater & Museen, Konzerten & Musicals. Und alles in einer Sprache, die man versteht (sorry Paris, Rom, Madrid). Wobei Johnson – bewusst oder unbewusst – ein Schlüsselwort gebraucht hat: „afford", das nicht nur „hervorbringen" bedeutet, sondern auch „sich etwas leisten können" und leisten muss man sich London können.

Mit „Absolut London" wollen wir Hilfe zur Selbsthilfe leisten. Wir wollen zeigen, wie man mit etwas Planung und Augenmaß einen London-Trip mit hohem Erlebnisfaktor gestalten kann, ohne vorher einen Kleinkredit aufnehmen zu müssen. Wir wollen Ihnen Tipps geben, wie Sie das Maximum aus Ihrem Reisebudget herausholen und die Kosten für Übernachtung und Essen in überschaubaren Grenzen halten können. Das heißt nicht, dass Sie unter Brücken schlafen und sich von McDonalds ernähren sollen, aber es muss ja nicht gleich das Ritz sein. Und wer Sterneküche will, oder die Edelrestaurants von TV-Köchen wie Jamie Oliver oder Anthony Bourdain frequentieren möchte, der braucht keinen Reiseführer, da reicht ein Adressbuch.

Mit „Absolut London" fällt die Orientierung in London leicht. Wir bieten detaillierte Informationen über öffentliche Verkehrsmittel. Wo kann

man Tickets kaufen, und welche? Bei jeder Sehenswürdigkeit, bei jedem Restaurant, Pub oder Laden finden Sie die genaue Adresse, Öffnungszeiten, Eintrittspreise und die nächstgelegene U-Bahn-Station. Wir zeigen Ihnen, wie Sie einen Theater- oder Musicalbesuch planen und wie Sie Enttäuschungen vermeiden können. Wer rechtzeitig von zu Hause aus bucht, spart oft Zeit und Geld.

Mit „Absolut London" sind Sie bestens für ein spannendes Sightseeing-Programm gewappnet. Wir beschreiben alle Highlights, die London zu bieten

hat, und ein paar Kuriositäten noch dazu. Dabei legen wir vor allem Wert auf praktische Hinweise, auf allzu ausladende historische Abhandlungen haben wir verzichtet. Die finden Sie direkt vor Ort auf Schautafeln, Displays oder Multimediaguides, und viel ausführlicher als es in einem Reiseführer möglich wäre.

Und noch etwas: Wir haben KEINE Geheimtipps. Niemand hat welche. Es gilt eine einfache Faustregel: Wenn es in einem Buch steht, ist es kein Geheimtipp. Im Gegenteil: Wir FREUEN uns, wenn Sie unsere Tipps beherzigen. Sie dürfen Sie auch gerne Ihren Freunden und Bekannten weitererzählen. Oder noch besser: Kaufen Sie gleich zwei Bücher – eins für Sie selbst, eins zum Verschenken.

Wenn Sie Wünsche haben, Kritik oder Anregungen, dann schreiben Sie uns einfach. Ansonsten wünschen wir viel Vergnügen bei der Reiseplanung und noch mehr auf Ihrem Trip.

Das Jahr in London

Januar – März

No Trousers Tube Ride

Freunde strammer Waden, aufgepasst: Seit 2010 findet das hosenlose Happening **jeden Januar** in London statt. Teilnehmen darf jeder. Und so funktioniert's: An vorher festgelegten Treffpunkten sammeln sich die Interessenten, entledigen sich ihrer Beinkleider (und nur der – das Tragen von Unterwäsche, am besten frischer, wird ausdrücklich empfohlen!) und besteigen verschiedene U-Bahn-Züge wie ganz normale Passagiere auch. Die Teilnehmer geben vor, einander nicht zu kennen, sitzen mit demonstrativem Gleichmut in voller Wintermontur in der Bahn – nur eben ohne Hose. Ein großer Spaß also für die ganze Familie. Erfunden wurde das ganze 2002 in New York als „No Pants Subway Ride", dort machten 2012 über 4.000 Menschen mit. Mehr Infos bei www.improveverywhere.com und natürlich in Facebook. Und wenn Sie nicht in die Ferne schweifen wollen – auch in Hamburg, Berlin und München nimmt man am globalen Event teil.

Chinese New Year Festival

Rund um Chinatown und Leicester Square. Original mit Drachen und Feuerwerk. Fällt zwischen **21. Januar und 21. Februar.**

Pancake Day

Spannung, Spiel und Schnabulieren – der „Pancake Day" hat einfach alles! Er findet jedes Jahr 47 Tage vor Ostersonntag statt, am **Tag vor Aschermittwoch** also. In grauer Vorzeit war dies der letzte Tag, an dem man sich vor Beginn der Fastenzeit noch mal richtig den Magen vollhauen konnte. Zutaten wie Fett, Butter und Eier, die während der Fastenzeit verboten waren, wurden zu leckeren Pancakes (mit Eierpfannkuchen nur unzureichend übersetzt) verarbeitet und in rauen Mengen verspeist. Die Engländer – immer für einen Spaß zu haben – feiern diese Tradition mit „Pancake Races", deren Teilnehmer eine Rennstrecke zu meistern haben, während sie gleichzeitig in einer Bratpfanne Pancakes brutzeln. In London gibt es viele Austragungsorte, das bekannteste Rennen (und das mit Politikern, Lords, und TV-Stars am prominentesten besetzte) ist das Parliamentary Pancake Race (Victoria Tower Gardens). Ehrwürdige Gentlemen in stilvollem Wettkampf – wer braucht da noch Olympia?

St Patrick's Day

Kiss me, I'm Irish. Wenn Sie Fußball nicht mögen, aber trotzdem Horden von kostümierten Briten (und/oder Iren) alkoholisiert durch die Straßen torkeln sehen möchten, dann willkommen! Am **17. März** wird alles Irische gefeiert. Fairerweise muss man sagen, dass nicht nur getrunken wird. Es wird auch gesoffen. Eine große Parade zieht vom Green Park aus Richtung Trafalgar Square, es gibt viel Musik und Tanz und Feierlichkeiten.

April – Juni

The Oxford & Cambridge University Boat Race

Das legendäre Bootsrennen der Eliteuniversitäten. Kostenlos, wenn man bei Hunderttausenden Zuschauern ein Plätzchen findet. (www.theboatrace.org)

London Marathon

Jährlich nehmen rund 30.000 Menschen teil, viele für wohltätige Organisationen. Dementsprechend steht weniger das Gewinnen im Vordergrund als vielmehr der Spaß. Bei ausgefallenen Kostümen wie einem Riesenpinguin, einer Schnecke oder einem Londoner Bus kommen Zuschauer auf ihre Kosten. (www.virginlondonmarathon.com)

Open Garden Squares Weekend

Jedes Jahr **Anfang Juni** werden viele, der Öffentlichkeit sonst nicht zugängliche Gärten und Parks für Besucher geöffnet. Nicht nur für Leute mit grünem Daumen interessant. Tickets und Infos unter www.opensquares.org

Trooping The Colour

Eigentlich hat die Queen im April Geburtstag, sie feiert aber erst im Juni. Am **zweiten Juni-Wochenende** wird die Trooping-the-Colour-Zeremonie abgehalten. Auf Horse Guard Parade, dem größten offenen Platz in London, versammeln sich mehr als 1.400 Soldaten, dazu ein paar Hundert Pferde und Musikanten, um an der Queen vorbei zu paradieren. Großes Spektakel, für das man sich allerdings anmelden und ein Ticket erwerben muss (www.trooping-the-colour.co.uk). Eine kleinere und kostenlose Alternative ist die tägliche Changing-the-Guard-Zeremonie.

Juli – September

Notting Hill Carnival

Wenn London karibisch wird. Die große Sause im **August** ist Europas größtes Straßenfestival. Bunte Kostüme, karibische Rhythmen, endlose Essensstände und eine große Parade. Wer braucht da Rio? (www.thenottinghillcarnival.com)

Great River Race

Weniger ernst und traditionsreich als das Oxbridge-Bootsrennen, dafür unterhaltsamer. Mehr als 300 Crews treten im **September** mit oft bunten, verrückten Kostümen in historischen Booten an. (www.greatriverrace.co.uk)

Thames Festival

Vom London Eye bis zur Tower Bridge wird entlang und auf der Themse ein Wochenende im **September** Tanz, Musik, Bootsrennen und vieles mehr geboten. Gratis! (www.thamesfestival.org)

Open House London

Jeden **September** bietet sich eine fantastische Gelegenheit, in Gebäude reinzuschnuppern, in die man als Nor-malsterblicher sonst nicht reinkommt. Ob moderne Bürotürme, alte Herrenhäuser, Fabrikgebäude oder Bunker. Einziges Manko: es gibt so viel zu sehen, dass man in einem Tag nicht durchkommt. (www.londonopenhouse.org)

Great Gorilla Run

Jawoll, Sie haben richtig gelesen. Seit 10 Jahren schon wird London an einem Samstag im **September** zum Planeten der Affen. Ohne Charlton Heston, aber für einen guten Zweck. Mehr als 1.000 Teilnehmer werfen sich in ein Gorillakostüm und liefern sich ein „Wettrennen", um Geld für den Erhalt von Berggorillas zu sammeln. Eine noble Sache. Und nein, starke Körperbehaarung reicht nicht aus, Sie müssen schon ein Kostüm anziehen… (www.greatgorillarun.org)

Oktober – Dezember

London to Brighton Veteran Run

Das älteste Autorennen der Welt (seit 1896). Wobei „Rennen" etwas irreführend ist, da kein Fahrzeug schneller als 20 mph (32 km/h) fahren darf. Teilnehmen können nur Autos, die vor 1905 gebaut wurden. Wer ankommt (und das schafft längst nicht jeder), bekommt eine Medaille. Das Rennen startet jedes Jahr **Anfang November** gegen Sonnenaufgang an der Hyde Park Corner, Zugucken darf jeder. (www.veterancarrun.com)

Bonfire Night

„Remember, remember, the Fifth of November…" Am 5. November 1605 schlichen sich Guy Fawkes und seine Mitverschwörer in die Gewölbe unterhalb des Palastes von Westminster, um das englische Parlament samt König in die Luft zu jagen. Natürlich wurden alle gefasst und hingerichtet.

Die Vereitelung des Attentats wird jedes Jahr am **5. November** mit Umzügen und Feuerwerken gefeiert, Guy-Fawkes-Puppen aus alten Lumpen und Zeitungen werden verbrannt. Ein Familienfest also. Über die Landesgrenzen hinaus bekannt wurde Fawkes vor allem dank Alan Moore & David Lloyd und ihrem Graphic Novel „V for Vendetta", in dem ein geheimnisvoller Revolutionär sein Gesicht hinter einer Guy-Fawkes-Maske verbirgt. Heute sieht man die Maske bei der Occupy-Bewegung und beim Hackernetzwerk „Anonymous".

Lord Mayor's Show

Der „Lord Mayor of London" ist nicht etwa der Bürgermeister von ganz London (denn das ist der Mayor of London), sondern der Bürgermeister der City of London, jener Quadratmeile also, die Londons Finanzzentrum beherbergt. 1215 spazierte erstmals ein neu gewählter Lord Mayor of London ins benachbarte Westminster, um der englischen Krone ewige Treue zu schwören. Im Laufe der Jahrhunderte ist daraus ein großes Fest geworden. Jeden **zweiten Samstag im November** wird ein frisch gekürter Lord Mayor in einer prunkvollen Kutsche inmitten einer prachtvollen Parade vom Mansion House (seinem Amtssitz) zu den Royal Courts of Justice gekarrt, wo er seinen Treueeid ablegt. Das Ganze ist ein Riesenspektakel, dauert zwei bis drei Stunden, und am Abend folgt ein legendär großes Feuerwerk. So muss Politik sein. (www.lordmayorsshow.org)

SIGHTSEEING

Central London

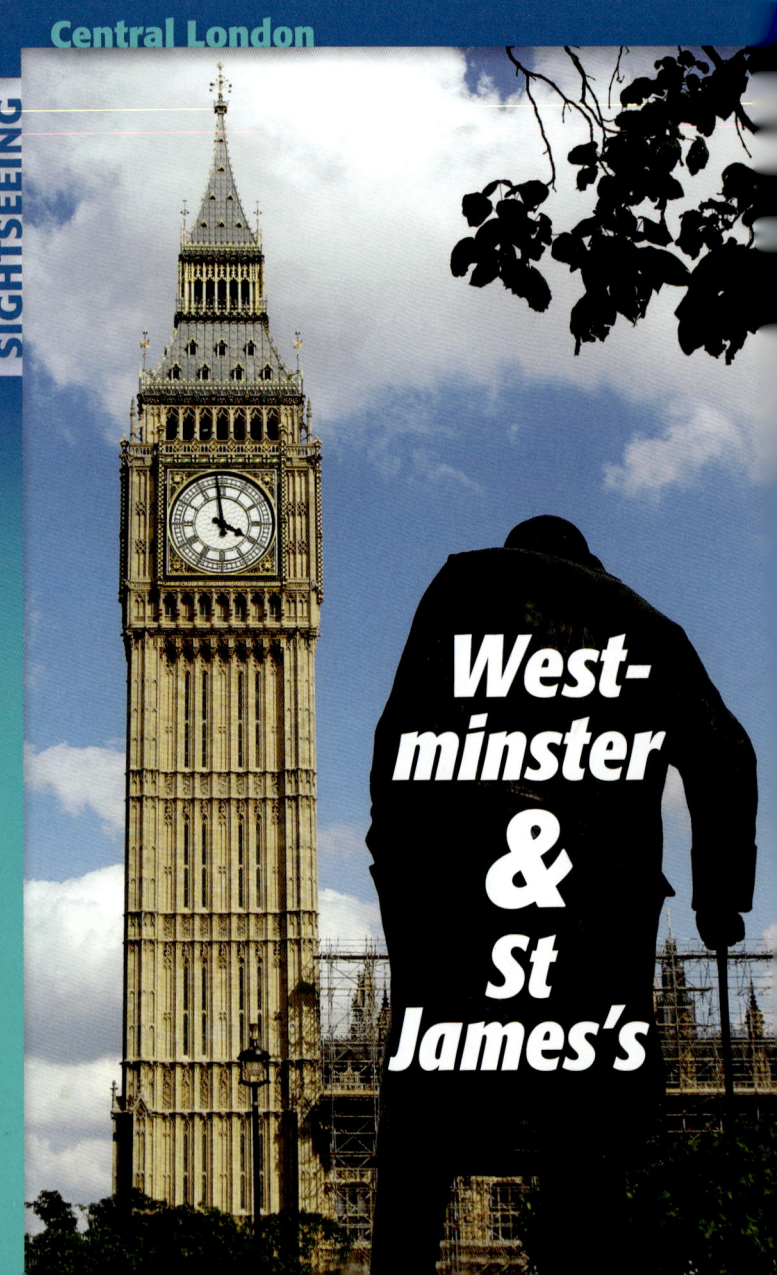

West-minster
&
St James's

Westminster & St James's

Mit den Houses Of Parliament und Buckingham Palace ist Westminster Sitz von Regierung und Monarchie. Hier zeigt sich London ganz besonders imperial.

Trafalgar Square

🚇 **Leicester Square / Charing Cross**

Kaum zu glauben, dass die Nordseite (unterhalb der National Gallery) erst 2003 zur Fußgängerzone gemacht wurde. Der Trafalgar Square ist in vielerlei Hinsicht das Herz von London. Regelmäßig finden Veranstaltungen und Konzerte statt. Tausende Touristen tummeln sich täglich um die Nelsonsäule. Londons größter öffentlicher Platz wurde 1820 von John Nash geplant und 1840-1845 von Sir Charles Barry in seiner heutigen Form angelegt. Die große Säule in der Mitte zollt Admiral Lord Nelson Tribut, der bekanntlich in der Seeschlacht von Trafalgar (1805) Napoleons Flotte eine verheerende Niederlage beibrachte und dabei sein Leben verlor. Dafür darf er heute aus 50 Metern Höhe streng auf erschöpfte Reisende herabblicken, die ihre qualmenden Füße im Brunnen kühlen. In drei der vier Ecken des Trafalgar Square erinnern große Statuen an weitere verdiente Kriegshelden, in der nordwestlichen Ecke ist der Sockel leergeblieben (weil den Bauherren damals das Geld ausging). Seit 1999 dürfen Künstler den Sockel gestalten, was oft interessante Ergebnisse hervorbringt. 2009 z.B. konnten den Sommer über 2.400 ausgewählte „Teilnehmer" jeweils eine Stunde lang auf der „vierten Plinthe" verbringen. 2011 zierte ein gigantisches Flaschenschiff die freie Fläche, 2012 ein güldenes Schaukelpferd.

Trafalgar Square

Die vierte Plinthe

Lagepläne und Broschüren für Themenrundgänge aus (auch auf der Website zum PDF-Download). Gönnen Sie sich einen der exzellenten Audioguides, damit haben Sie noch viel mehr von den Bildern. Auf jedem London-Trip ein Pflichtbesuch!

National Gallery

🔵 **Leicester Square / Charing Cross**
✉ **Trafalgar Square WC2N 5DN**
www.nationalgallery.org.uk | ⏱ **Sa-Do 10-18, Fr 10-21 Uhr | Audioguides 3,50 £**
Eintritt frei

Von der Frührenaissance zum Impressionismus in 2.300 Bildern. Eine der größten Kunstsammlungen der Welt und eines der schönsten Museen in London. Heimat solcher Klassiker wie Van Goghs Sonnenblumen oder Monets Wasserlilien. Im Foyer liegen

National Portrait Gallery

🔵 **Leicester Square / Charing Cross**
✉ **2 St Martin's Place WC2H 0HE**
www.npg.org.uk | ⏱ **Sa-Mi 10-18, Do/Fr 10-21 Uhr | Multimediaguide 3 £ (auch als App für 1,49 £) |** Eintritt frei

Sich an die Nordostseite der National Gallery schmiegend, beherbergt die Gallery 175.000 Porträts vom 16. Jh. bis heute. Auch wenn sich das bleiern langweilig anhört – lassen Sie sich nicht abschrecken. Zusammen mit dem vorzüglichen Multimediaguide unternehmen Sie einen faszinierenden Streifzug durch die englische und euro-

National Gallery & St Martin-in-theFields

päische Geschichte. Die Ausstellung ist chronologisch geordnet. Im 20. Jh. sind auch Fotos und Karikaturen zu sehen.

St Martin-in-the-Fields

🚇 **Leicester Square / Charing Cross**
✉ **Trafalgar Square WC2N 5DU**
www.smitf.org | ⏰ **Mo/Di/Fr 08:30-13, 14-18, Mi 08:30-13:15, 14-17, Do 08:30-13:15, 14-18, Sa 09:30-18, So 15:30-17 Uhr Audioguide 3,50 £ |** Eintritt frei

Schon im 13. Jahrhundert stand hier eine Kirche in den Feldern („in the fields") zwischen den Städten Westminster und London. Die heutige Version wurde 1726 fertiggestellt und ist eine Mixtur aus neoklassischen und barocken Stilelementen. Heute ist die Kirche für ihre Konzerte berühmt. Viel Klassik, etwas Jazz. Mittagskonzerte sind meist kostenlos (Spenden erwünscht), für abends braucht man Tickets. Infos und Termine auf der Website.

Banqueting House

🚇 **Westminster / Embankment / Charing Cross |** ✉ **Whitehall SW1A 2ER**
www.hrp.org.uk/BanquetingHouse
⏰ **Mo-Sa 10-17 Uhr |** Eintritt 5 £ **(Audioguide inkl.)**

Erwähnenswert, weil es eines der wenigen Gebäude ist, die die Feuersbrunst von 1698 überstanden haben. Größter Anziehungspunkt ist das riesige

Deckengemälde, das König Charles I. bei keinem geringeren als Rubens in Auftrag gab. Mit dem 1636 fertiggestellten Gemälde sollte einmal mehr die Königsherrschaft als gottgegebenes Recht untermauert werden. Rubens' Kunstwerk war wohl nicht überzeugend genug, denn 1649 wurde Charles des Hochverrats für schuldig befunden und direkt vorm Banqueting House enthauptet.

Downing Street

🚇 **Westminster |** www.number10.gov.uk

Kleine Seitenstraße von Whitehall. Leicht zu erkennen, weil Sie an beiden Enden vergittert ist. Von der berühmten Nr. 10 sieht man eigentlich kaum etwas, besichtigen geht schon gar nicht, aber vielleicht wollen Sie ja beim Vorbeischlendern ein schnelles Foto knipsen. Für Interessierte gibt es auf der Website eine virtuelle Tour durchs Haus.

Downing Street

Churchill War Rooms

Art „menschliches Element" darstellen sollen, sind dabei eher überflüssig. Mit dem Audioguide sind Sie eine gute Stunde unterwegs. Angeschlossen ist das Churchill-Museum, das sich Leben und Wirken des komplexen und immer zitierwürdigen Staatsmannes widmet.

Churchill War Rooms

Westminster / St James's Park | Clive Steps, King Charles Street SW1A 2AQ | www.iwm.org.uk | Mo-So 09:30-18 Uhr | Eintritt 17 £ (Audioguide inkl.)

Bis vor kurzem hieß das noch „Cabinet War Rooms", aber man hat wohl erkannt, dass heute niemand mehr weiß (oder wissen will), wer eigentlich außer Churchill noch im Kabinett saß. Während des 2. Weltkrieges leitete Sir Winston von diesen Kellerräumen aus die Geschicke des Landes. Die 27 Räume wurden im Originalzustand belassen, bis hin zum Kaffeeservice auf dem Esstisch oder den Notizzetteln im Kartenraum, und vermitteln einen anschaulichen Eindruck der damaligen Gegebenheiten. Die gelegentlichen Schaufensterpuppen, die wohl so eine

Houses of Parliament

Westminster | Parliament Square SW1A 0AA | www.parliament.uk Fotografieren verboten | Mo-So 09:15-16:30 (bei Führungen während der Sommerpause) | Eintritt frei (bei Parlamentsdebatten), Eintritt 15 £ (bei Führungen)

Der Palast von Westminster hat mehr als 1.000 Räume, 11 Innenhöfe, 8 Bars und 6 Restaurants. Außerdem 2 Kammern des britischen Parlaments. Und 1 berühmte Glocke (Big Ben). Ein Feuer hat 1834 den größten Teil des Palastes zerstört, lediglich Westminster Hall blieb unversehrt. Das heutige Gebäude wurde 1860 fertiggestellt und seine Fassade ist eines DER Wahrzeichen von London. Touristen haben Gelegenheit, eine Debatte im House of Commons oder im House of Lords zu besuchen.

Houses of Parliament

Jewel Tower

Eintritt ist frei. Einziger Haken: Wartezeiten von einer Stunde und mehr sind üblich, um einen der wenigen Plätze auf der Besuchergalerie zu ergattern. Ins House of Lords kommt man normalerweise schneller, dafür ist dort auch weniger los. Die lebhaften, tumultartigen Debatten, die wir aus Film und Fernsehen kennen, sind ohnehin eher die Ausnahme. Sie sind am ehesten bei den „Questions to the Prime Minister" mittwochs ab 11:30 zu erwarten – wenn der Besucherandrang am größten ist. Während der Sommerpause werden Führungen durch die Houses of Parliament (HOP) angeboten. Tickets gibt es über Ticketmaster (Link auf der Website) oder vor Ort (Ticket Office am Jewel Tower, gegenüber der HOP). Die Führungen bieten in ca. 75 min einen interessanten Blick hinter die Kulissen, Stopps in House of Commons und House of Lords inklusive. Der Besuchereingang befindet sich auf der Westseite, gegenüber Westminster Abbey.

Jewel Tower

🚇 **Westminster** | ✉ **Abingdon Street SW1P 3JX** | ⏱ **Mo-Sa 10-17 (Apr-Okt), Sa/So 10-16 Uhr (Nov-Mar)** | Eintritt 3,50 £

Das kleine Türmchen gegenüber den HOP ist zusammen mit Westminster Hall alles, was vom alten Palast aus dem 14. Jh. übriggeblieben ist. Drinnen gibt es nicht viel zu sehen: die kleine Ausstellung über die Geschichte des englischen Parlaments ist ganz nett, aber lohnt den Eintrittspreis kaum. Schön (und kostenlos) ist der kleine Hof vorm Jewel Tower, wo ein paar Bänke sich als Pausenstation anbieten.

St Margaret's Church

🚇 **Westminster** | ✉ **Parliament Square SW1P 3JX** | www.westminster-abbey.org ⏱ **Mo-Fr 09:30-15:30, Sa 09:30-13:30, So 14-17 Uhr** | Eintritt frei

Damit die Mönche in der Westminster Abbey (damals noch ein Kloster) vom Kirchenalltag unbehelligt bleiben konnten, wurde irgendwann im späten 11. Jh. eine neue Kirche für „gewöhnliche" Menschen gebaut. Bis heute ist sie die Pfarreikirche des britischen Parlaments. Bemerkenswert sind die Glasfenster, die historischer Personen gedenken, und die Sonnenuhren an allen vier Seiten des Turms. Bei Hochzeitspaaren erfreut sich die Kirche bereits seit dem 15. Jh. großer Beliebtheit, u.a. ehelichte Winston Churchill hier seine Clementine.

Westminster Abbey

🚇 **Westminster** | ✉ **20 Dean's Yard SW1P 3NY** | www.westminster-abbey.org
🕐 **Mo/Di/Do/Fr 09:30-16:30, Mi 09:30-19, Sa 09:30-14:30 Uhr | Fotografieren verboten** | Eintritt 18 £ **(Audioguide inkl.)**

Westminster Abbey – Cloister

Die kulturelle und historische Bedeutung von Westminster Abbey kann kaum überschätzt werden. Seit Wilhelm dem Eroberer 1066 wurden hier 38 königliche Häupter gekrönt. 17 Monarchen fanden ihre letzte Ruhestätte. Gedenksteine und -plaketten erinnern an Hunderte von bekannten Persönlichkeiten, von Dickens bis Händel, Churchill bis Wilde, und viele, viele mehr. Der vorzügliche Audioguide wird im englischen Original von Schauspieler Jeremy Irons gesprochen. Als eine der Hauptattraktionen Londons ist die Abbey immer ziemlich gut besucht. Versuchen Sie, gleich morgens zu kommen, oder um die Mittagszeit, wenn die Touristenhorden zur Fütterung gekarrt werden.

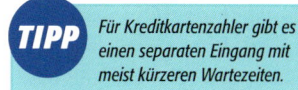
TIPP *Für Kreditkartenzahler gibt es einen separaten Eingang mit meist kürzeren Wartezeiten.*

Wie Sie bestimmt gehört haben, ist der Eintritt bei der täglichen Messe („Evensong") um 17 Uhr frei. Aber bitte glauben Sie nicht, Sie könnten Geld sparen und in der Kirche herumstreunern. Die Ordner achten darauf, dass nur Gottesdienstbesucher teilnehmen.

Westminster Abbey

An die Südseite der Abbey angrenzend befinden sich Cloister und College Garden, die Kreuzgänge und Gärten des ehemaligen Klosters. Sehr schön und vor allem kostenlos. Bei Ihrer Abbey-Tour folgen Sie einfach den Schildern für einen kleinen Umweg. Ohne Abbey-Ticket gelangen Sie durch Dean Court (nahe Westeingang) zu den Cloisters, der Zutritt zur Abbey bleibt Ihnen dann natürlich versperrt.

Fotografieren ist in der Westminster Abbey verboten und Sie sollten sich selbstverständlich an die Vorschriften halten. Falls Sie jedoch mehr kriminelle Energie mitbringen als ich (und bessere Nerven), können Sie normalerweise recht unbehelligt ein paar Schnappschüsse knipsen, bevor ein Ordner was mitkriegt (aber vergessen Sie nicht, den Blitz auszuschalten).

Tate Britain

⊖ Pimlico | **✉ Millbank SW1P 4RG**
www.tate.org.uk | **⏱ Sa-Do 10-18, Fr 10-22 Uhr; Multimedia-Guide 3,50 £**

Eintritt frei

Steht zu Unrecht im Schatten der Tate Modern. Die Sammlung zeigt britische Kunst von 1500 bis ins 20. Jh. Maler wie Turner, Hockney oder Hogarth sind vielleicht nicht jedem sofort ein Begriff, William Blake kennen wir spätestens seit Thomas Harris' „Red Dragon" (Hannibal Lecters erster Auftritt). Der ausgezeichnete Multimedia-Guide rückt alle Kunstwerke in den richtigen Kontext. Sehr empfehlenswert.

Westminster Cathedral

⊖ Victoria | **✉ 42 Francis Street SW1P 1QW** | **www.westminstercathedral.org.uk**
⏱ Mo-Fr 09:30-17, Sa/So 09:30-18 Uhr

Eintritt frei

Die wichtigste katholische Kirche Englands. Bitte nicht mit Westminster Abbey verwechseln. Eine kleine Ausstellung von Kunstgegenständen und Reliquien kostet 5 £ Eintritt und kann getrost vernachlässigt werden. Interessant ist der Blick vom Glockenturm. Für 5 £ fährt Sie ein Lift zur Aussichtsplattform in 64 m Höhe.

Buckingham Palace

🚇 **Green Park / St James's Park / Victoria** | ✉ **The Mall SW1A 1AA**
www.royalcollection.org.uk

Seit Queen Victorias Zeiten ist Buckingham Palace die offizielle Residenz des britischen Monarchen.

The State Rooms
🕐 **Mo-So 09:45-18:30 (nur während der Sommermonate) | Fotografieren verboten**
Eintritt 19 £ **(Audioguide inkl.)**

Normalsterbliche müssen für gewöhnlich draußen bleiben. Im Sommer jedoch, wenn die Queen in Schottland Urlaub macht, ist der Palast für Besucher geöffnet und eine Tour führt durch 19 prunkvolle Räume der Staatsgemächer, in denen sonst nur der Queen, Staatsoberhäupter Würdenträger lustwandeln dürfen. An die Rückseite des Palastes schließt der Garten an, der größte private Garten Londons. Es empfiehlt sich, Tickets frühzeitig online zu ordern, da der Andrang sehr groß ist. Neben einem Einzelticket für die State Rooms können Sie für 33,25 £ auch ein Kombiticket („A Royal Day Out") erwerben, das The Queen's Gallery und die Royal Mews mit einschließt.

The Queen's Gallery
🕐 **Mo-So 10-17:30 (ganzjährig)**
Eintritt 9,25 £ **(Audioguide inkl.), Kombiticket mit Royal Mews: 15,75 £**

In einem Flügel von Buckingham Palace werden Werke aus der privaten Sammlung der Queen ausgestellt, d.h. Werke, die die Queen und ihre Vorgänger im Laufe der Jahrhunderte zusammengetragen haben. Vermeer,

Buckingham Palace

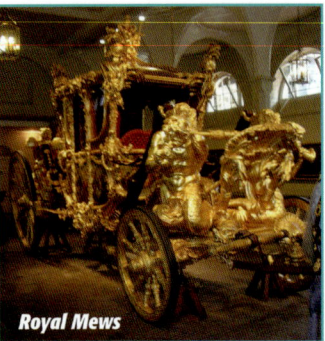

Royal Mews

Rembrandt, Da Vinci – alles dabei. Ein bis zwei temporäre Ausstellungen pro Jahr (2012 waren es Antarktis-Fotografien von Scott und Shackleton, sowie Da Vincis Studien des menschlichen Körpers) kommen hinzu.

Royal Mews

🕐 Mo-So 10-17 (Apr-Okt), Mo-Sa 10-16 (Nov-Mar) | Eintritt 8,50 £ (Audioguide inkl.), Kombiticket mit Queen's Gallery: 15,75 £

Die „königlichen Stallungen" haben mehr zu bieten als nur Heu und Pferdeäpfel. Hier ist der königliche Fuhrpark untergebracht. Der geneigte Besucher findet motorisierte Staatskarossen (Rolls Royce Phantom), prunkvoll verzierte Kutschen, und ein paar Pferde. Nicht unbedingt der Höhepunkt einer Londonreise, aber dank des Audioguides recht informativ und amüsant.

Changing of the Guard

🕐 Apr-Jul tägl. 11:30, Aug-Mar jeden 2. Tag | www.changing-the-guard.com
Eintritt frei

Man kann ja von den Engländern halten, was man will, aber von Militärparaden verstehen sie was. Der Wachwechsel vorm Buckingham Palace ist eine große Show: rot uniformierte Soldaten mit Bärenfellmützen stolzieren zur Musik von Militärkapellen durch die Straßen, über The Mall nähern sich die Soldaten der „Horse Guard" hoch zu Ross. Alles trifft sich auf dem Platz vorm Palast, wo Tausende Touristen sich hinter Absperrgittern drängen. Für

Changing of the Guard

den optimalen Blick auf das Spektakel sollten Sie mindestens eine Stunde früher da sein (besser mehr) und sich auf dem Queen Victoria Memorial ein gutes Plätzchen sichern.

> **TIPP** *Eine weniger überlaufene Alternative ist der Wachwechsel bei der berittenen Garde. „The Changing of the Queen's Life Guard" findet ebenfalls täglich (bzw. alle 2 Tage) um 11 Uhr auf dem Horse Guards Parade-Platz am Ostende des St James's Park (etwas nördlich der Downing Street) statt. Wunderbar, wenn die Reiter sorgsam choreografiert absteigen und ihren treuen Rössern synchron einen wohlwollenden Klaps geben.*

St James's Park

🚇 **St James's Park** | www.royalparks. gov.uk/parks/St-Jamess-Park

Die schönste Route von Westminster Richtung Buckingham Palace führt durch den langgezogenen Park. Von der Blue Bridge in der Mitte des Sees aus haben Sie einen schönen Postkartenblick auf den Palast. Und wenn Sie schon da sind: täglich gegen 14:30 Uhr werden nahe Duck Island Cottage am Ostende des Parks Pelikane gefüttert (die ersten Pelikane des St James's Parks waren 1684 ein Geschenk des russischen Botschafters).

St James's Park

Knightsbridge
& Kensington

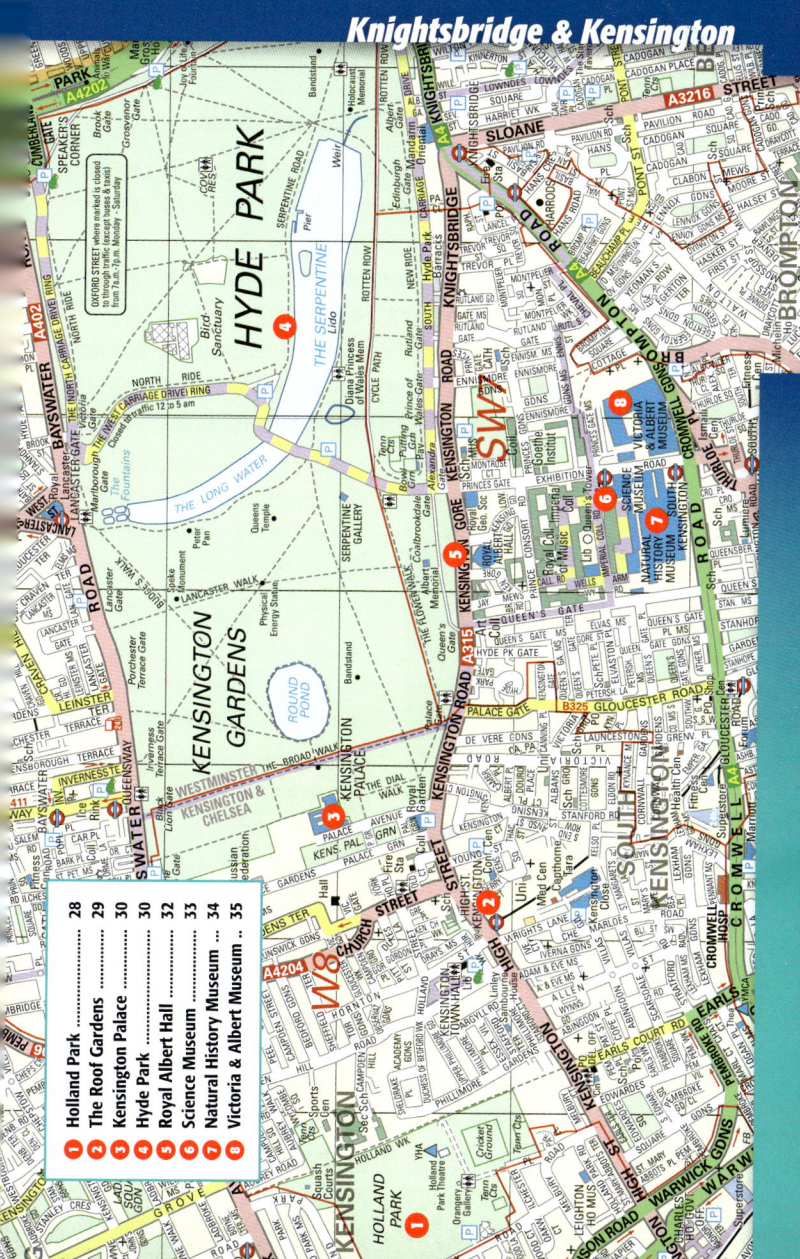

Knightsbridge & Kensington

Knightsbridge & Kensington

Wo London richtig Geld hat… Kein Wunder, dass Luxuskaufhaus Harrod's gerade hier beheimatet ist. Prinzessin Diana lebte im Kensington Palace und machte Edelshopping am Beauchamp Place. Rund um die Exhibition Road befinden sich ein paar der besten Adressen für Wissenschaft (Natural History Museum, Science Museum, Victoria & Albert Museum, Royal Geographical Society), Kultur (Royal Albert Hall) und Ausbildung (Imperial College, Royal College of Art, Royal College of Music).

Kyoto Garden

Holland Park

 Holland Park | Eintritt frei

Womöglich der romantischste Park Londons. Vom Nordeingang kommend geht es zunächst durch Wald und Wiesen. Auf etwa halbem Wege Richtung Süden gelangen Sie zum Kyoto Garden, einem wunderbar lauschigen

japanischen Garten mit Wasserfall, Teich und Brücke, der 1991 von der Handelskammer Kyoto gestiftet wurde. Die Gärten um die Orangerie verbreiten mediterranes Feeling. Im Freilufttheater finden den Sommer über Opernaufführungen statt (www.operahollandpark.com).

Holland Park

The Roof Gardens

🔴 **High Street Kensington |** ✉ **99 Kensington High Street (Eingang Derry Street) W8 5SA |** ☎ **+44 (0)207 937 7994**
www.roofgardens.virgin.com | Eintritt frei

6.000 m² auf dem Dach des ehemaligen Derry & Toms-Kaufhauses, 30 m über der Kensington High Street. Von 1938 an durften Besucher den Garten für 1 Shilling Eintritt besuchen. 1981 erwarb Virgin-Chef Richard Branson das Ensemble und betreibt dort ein teures Restaurant und einen exklusiven Club. Der Dachgarten wird gerne und oft für Firmenevents genutzt, ist ansonsten aber der Öffentlichkeit zugänglich (am besten telefonisch nachfragen). Von Kensington High Street aus weist nichts auf den Garten hin, nur die Virgin-Flaggen auf dem

The Roof Gardens

Dach verraten den Standort. Biegen Sie um die Ecke in die Derry Street, dort hat 99 Kensington High Street einen separaten Hauseingang. Dann mit dem Lift ins 6. Stockwerk. Der Dachgarten ist in drei Bereiche unterteilt: einen maurischen, an die Alhambra in Granada angelehnt, mit Brunnen und Palmen; einen Tudor-Garten mit Lilien, Rosen und Lavender; einen englischen Garten mit einem Flüsschen und einem Teich und mit den vier Flamingos Bill, Ben, Splosh und Pecks. Kinoerlebnisse der besonderen Art bietet der Rooftop Film Club (www.rooftopfilmclub.com), der hier oben in den Sommermonaten Blockbuster und Klassiker zeigt.

Kensington Palace

🚇 **Bayswater / High Street Kensington / Queensway** | ✉ **Kensington Gardens W8 4PX** | www.hrp.org.uk/KensingtonPalace
🕐 **Mo-So 10-18 (Mar-Okt), 10-17 Uhr (Nov-Feb)** | Eintritt 15 £

Das ehemalige Zuhause von Prinzessin Diana wurde Ende März 2012 nach einer 12-Millionen-Pfund-Renovierung wieder zur Besichtigung freigegeben. Entgegen schlimmster Befürchtungen ist es nicht zum Diana-Schrein geworden. Die ehemaligen Gemächer von Lady Di sind heute auch nicht zugänglich, aber Diana-Devote können sich an vielen Bildern und einer Sammlung ihrer Kleider delektieren. Hauptattraktion des Palastes ist die permanente Ausstellung „Victoria Revealed", die Leben und Wirken der Monarchin beleuchtet. Einige Staatsräume sind zu besichtigen (die Räume, in die Prinz William und seine Kate eingezogen sind, bleiben natürlich verschlossen, ebenso wie Prinz Harrys Junggesellenbude).

Eintritt frei : Schöner als der Palast und gänzlich kostenlos sind die umliegenden Gärten. Schlendern Sie durch Laubengänge um den „Sunken Garden" herum und erfreuen Sie sich an der Blütenpracht. Oder genießen Sie einen (nicht ganz billigen) Tee in der Orangerie, bevor Sie zum Nachmittagsspaziergang durch Kensington Gardens aufbrechen.

Hyde Park

🚇 **Hyde Park Corner / Knightsbridge / Lancaster Gate / Queensway**
www.royalparks.org.uk/parks/hyde-park

Streng genommen sind Kensington Gardens und Hyde Park zwei getrennte Einheiten, zusammen bilden Sie mit 253 Hektar eine Fläche größer als Monaco. Bei Joggern, Radfahrern, Frisbeespielern etc. außerordentlich beliebt.

Sunken Garden, Kensington Palace

Hyde Park

Italian Gardens

Viel mediterranes Flair unterhalb der U-Bahn-Station Lancaster Gate. Die Liegestühle sind sehr einladend, kosten aber (allerdings ist der Kassierer/Kontrolleur nicht immer auf Zack, so dass Sie mit etwas Glück ein bequemes Viertelstündchen rausschlagen können, bevor er Ihnen Geld abknöpfen will).

Diana, Princess of Wales Memorial Fountain

Unterhalb des Serpentine-Sees, gleich westlich der Brücke. Brunnen ist etwas irreführend. Das Memorial ist wie ein ovales Flussbett angelegt, 50x80 m Durchmesser, teilweise mit knietiefem Wasser gefüllt, umgeben von saftig grünem Gras. Stilles Gedenken ist unmöglich, da Familien das Areal für sich eingenommen haben und das Schreien und Planschen der Kinder schon von weitem zu hören ist. Wenn man sich zwischen die herumtollenden Kinder traut, kann man nett durchs Wasser waten.

Serpentine Gallery

🕐 Mo-So 10-16 Uhr

www.serpentinegallery.org | Eintritt frei

Eine kleine Sammlung moderner, zeitgenössischer Kunst, dazu wechselnde Ausstellungen. Am meisten Aufsehen erregt der „Serpentine Pavilion", der jedes Jahr von anderen Künstlern gestaltet wird und für drei Monate im Sommer steht.

Princess Diana Memorial Fountain

Speakers' Corner

In der Nordostecke des Parks, nahe Marble Arch. Muss man gesehen haben – um dann festzustellen, dass es so aufregend doch nicht ist. Traditionell darf sich hier jeder auf seine kleine Holzkiste (oder Trittbrett, oder Leiter) stellen und herausposaunen, was ihm gerade in den Sinn kommt. Berühmtheiten wie Karl Marx oder George Orwell nutzten die Gelegenheit. Heute sind erhellende Vorträge großer Denker eher selten. Stattdessen dominieren Prediger und Spaßvögel. Letztere geben sich immerhin Mühe, Ihr Publikum mit allerlei Klamauk zu unterhalten, Entertainer eben. Bei den religiösen Eiferern ist der Spaßfaktor etwas geringer. Die beste Zeit ist sonntagnachmittags, dann ist am meisten los.

Speakers' Corner

Royal Albert Hall

🚇 **South Kensington** | ✉ **Kensington Gore SW7 2AP** | www.royalalberthall.com
🕐 **Mo-So 10:30-16:30 Uhr** | Eintritt 11,50 £

Die Royal Albert Hall (RAH) wurde 1871 im Gedenken an Queen Victorias verstorbenen Gatten Prince Albert eröffnet, der sich eine „Central Hall" inmitten der Museen und Schulen in South Kensington wünschte, in der das Verständnis und die Wertschätzung von Wissenschaft und Kultur befördert würde. Die RAH ist ganz zweifellos eine der schönsten Konzerthallen der

Royal Albert Hall

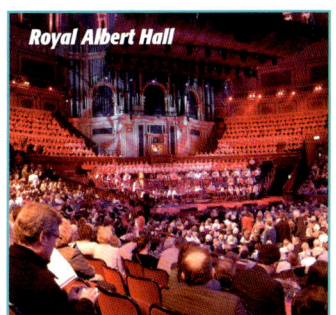

Royal Albert Hall

Science Museum

🚇 South Kensington
✉ Exhibition Road SW7 2DD
www.sciencemuseum.org.uk
⏰ Mo-So 10-18 Uhr | Eintritt frei

„Astonishing Science, Spectacular Museum" ist der Slogan des Museums und das ist eine akkurate Beschreibung. Auf sieben Etagen geht es durch die Geschichte von Wissenschaft und Technik. Dampfmaschinen, Flugzeuge und Raumkapseln werden ausgestellt, Trends und Innovationen können bestaunt werden. Außerdem: die Erforschung des Weltalls, Telekommunikation, Wissenschaft im 18. Jahrhundert und vieles, vieles mehr. Überall gibt es Schautafeln und Touchscreens mit zusätzlichen Infos. Sonderausstellungen und das IMAX-3D-Kino kosten extra. Faszinierend, unterhaltsam und informativ – das Science Museum ist bei Kindern wie Erwachsenen gleichermaßen beliebt und ein heißer Tipp für jeden London-Trip.

Welt: Fast kreisrund wie ein Amphitheater, mit den berühmten „fliegenden Untertassen" unterm Kuppeldach, die für den guten Sound sorgen. Wenn Sie die Gelegenheit haben, sehen Sie sich ein Konzert in der RAH an, die Atmosphäre ist einmalig. Besonders während der BBC Proms, auch wenn dort vorwiegend Klassische Musik dargeboten wird, was bekanntlich auf manche Menschen eher abschreckend wirkt. Selbst wenn Sie kein Konzert besuchen, lohnt sich die RAH dennoch: Auf etwa einstündigen geführten Rundgängen unterhalten die Guides mit vielen informativen und amüsanten Geschichten. Buchen Sie rechtzeitig online, da die Teilnehmerzahl begrenzt ist. Und wenn Sie nach der Tour zur Nordseite der RAH gehen, sehen Sie auf der anderen Straßenseite am Rand von Kensington Gardens das imposante Albert Memorial und können dem Initiator und Namensgeber ein stilles Dankeschön sagen.

Science Museum

SIGHTSEEING

Natural History Museum

🚇 South Kensington | ✉ Cromwell Road SW7 5BD | www.nhm.ac.uk
🕐 Mo-So 10-17:50 Uhr | Eintritt frei

„The Museum of Life", so der treffende Titel einer BBC-Doku über das Natural History Museum (NHM). Leben – menschlich, tierisch und pflanzlich – wird in all seinen Facetten erforscht und ausgestellt. Zur Sammlung des NHM gehören mehr als 70 Millionen Objekte. Das Museum ist in vier Bereiche

TIPP
Vorm Haupteingang an der Cromwell Road bilden sich meist lange Schlangen, nehmen Sie lieber den Seiteneingang an der Exhibition Road. So starten Sie spektakulär mit einer Rolltreppenfahrt durch einen riesigen Globus.

unterteilt, Übersichtspläne liegen am Eingang aus. In der **Red Zone** stehen Geologie und die Geschichte des Planeten im Vordergrund. Bestaunen Sie Mondgestein oder lassen Sie sich im Erdbebensimulator durchrütteln. Die **Orange Zone** beherbergt das architektonisch interessante Darwin Centre, wo Sie Wissenschaftlern bei der Arbeit zusehen können, den Wildlife Garden mit englischer Flora und Fauna, und das Attenborough Studio, das nach dem legendären Naturfilmer benannte Kino. Die **Blue Zone** wartet mit zwei der beliebtesten Museumsattraktionen auf: bei den Säugetieren („Mammals") finden Sie lebensgroße Modelle von allerlei Getier, darunter Polarbären, Mammuts und dem größten Säugetier von allen, dem Blauwal; in der

Natural History Museum

Mammals

Dinosaurier-Galerie warten Fossile und Skelette und am Ausgang ein wild röhrender, animatronischer T-Rex. Die **Green Zone** schließlich widmet sich Ökologie und Evolution, aber das Highlight ist kein Exponat, sondern die große Eingangshalle. Ein Traum in Terrakotta, kathedralengleich, mit einem Dino-Skelett am Eingang und der berühmten Darwin-Statue am hinteren Treppenaufgang. Das NHM ist bei Familien und Schulklassen außerordentlich beliebt, weil aus allen Kindern kleine Forscher werden, aber auch als Erwachsener kann man sich der Faszination des Museums kaum entziehen.

Victoria & Albert Museum

🚇 **South Kensington** | ✉ **Cromwell Road SW7 2RL** | www.vam.ac.uk | ⏰ **Sa-Do 10-17:45, Fr 10-22 Uhr** | Eintritt frei

Den Grundstein für das Museum hat Queen Victoria noch selbst gelegt. Das V&A wurde 1909 eröffnet und beherbergt eine der weltgrößten Sammlungen für Design und Kunsthandwerk. Wenn Ihnen nun vor endlosen Gängen voll Schmuck und Porzellanvasen graut, dann ist Ihre Angst nicht völlig unbegründet, denn all das gibt es. Aber das V&A hat noch viel mehr zu bieten. Gemälde, Skulpturen, eine berühmte Foto-Galerie, eine Architektur-Ausstellung, Tipus Tiger (ein mechanisches Spielzeug des indischen Sultans Tipu, das einen Tiger zeigt, der gerade seine Zähne in den Hals eines britischen Soldaten haut, mit dazu passenden Bewegungen und Geräuschen), und sogar einen der unglaublichen Hosenanzüge, die Mick Jagger sich in den siebziger Jahren zu tragen getraut hat. Eine feine kleine Kuriosität ist der **V&A Reading Room** (8 Exhibition Road), wo Sie bei Wein und Snacks aus einem gut sortierten Buchangebot auswählen und schmökern können.

Mayfair
&
Marylebone

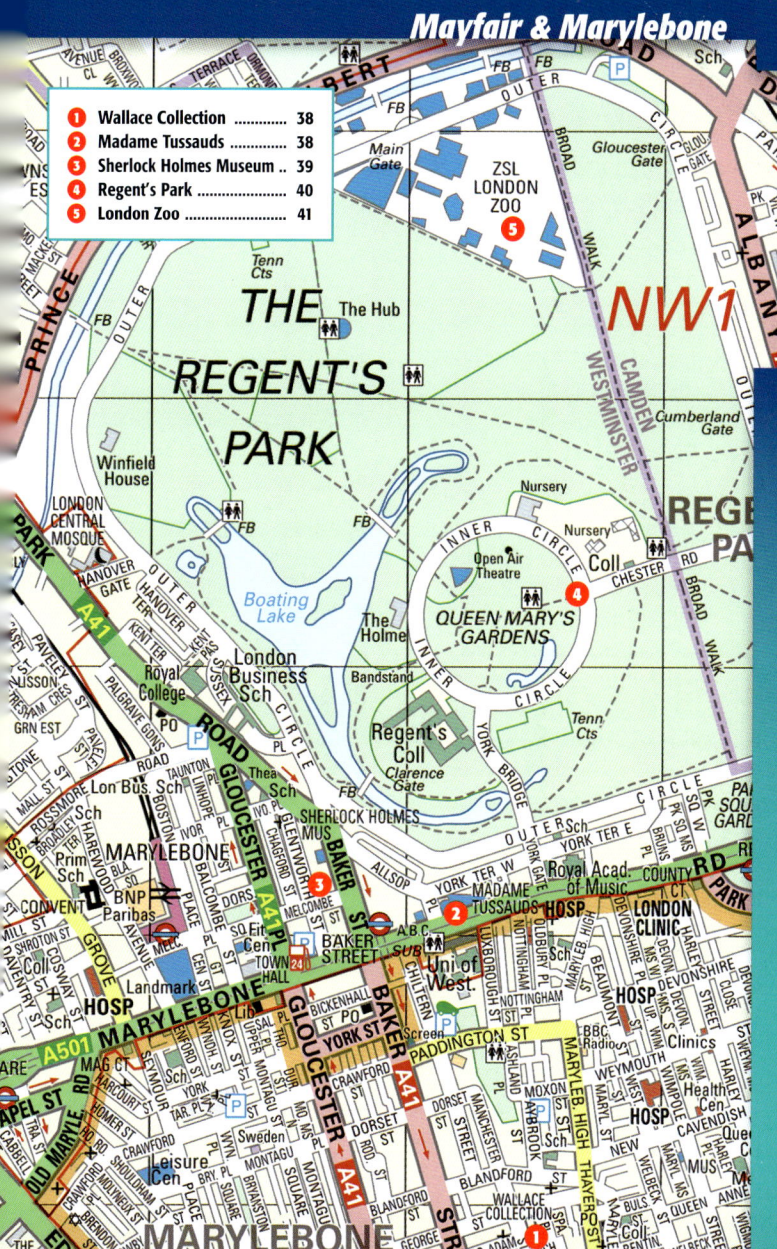

Mayfair & Marylebone

Vom Einkaufstrubel rund um Oxford Circus zur Ruhe des Regent's Park, von den herrschaftlichen Häusern in Marylebone zu den Tierkäfigen im Zoo.

The Wallace Collection

🚇 Bond Street | ✉ Hertford House, Manchester Square W1U 3BN
www.wallacecollection.org
🕐 Mo-So 10-17 Uhr | Eintritt frei

In einem schnieken Herrenhaus von 1776 ist die beeindruckende Privatsammlung von Sir Richard Wallace untergebracht. Seit 1900 ist sie für die Öffentlichkeit zugänglich. Möbel, Kunsthandwerk, Rüstungen und Gemälde, darunter Klassiker holländischer Meister und einige Bilder der Vernets aus Frankreich (die übrigens laut Arthur Conan Doyle entfernt mit Sherlock Holmes verwandt sind).

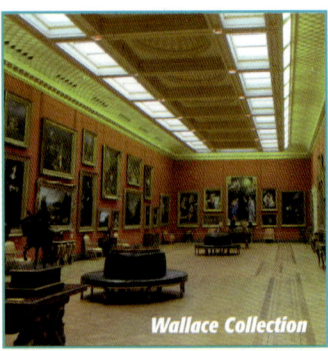

Wallace Collection

Madame Tussauds

🚇 Baker Street | ✉ Marylebone Road NW1 5LR | www.madame-tussauds.com
🕐 Mo-Fr 09:30-17:30, Sa/So 09-18 Uhr
Eintritt 15-45 £ (je nach Uhrzeit und Ticketkategorie)

Madame Tussauds

Wenn Sie schon immer mal George Clooneys Hintern tätscheln oder Angelina Jolies Lippen aus nächster Nähe sehen wollten, aber an die Originale aus offensichtlichen Gründen nicht rankommen, dann Herzlich Willkom-

„It ain't easy bein' green."

haben. Heiteres Promi-Raten ist angesagt: Wenn die Angela-Merkel-Figur nicht einen von Merkels berüchtigten Hosenanzügen tragen würde, ginge sie glatt auch als Sabine Christiansen durch. Am überzeugendsten fand ich Schwarzenegger als Terminator, denn Arnold sah damals schon aus wie seine eigene Wachsfigur. Mein Geheimtipp, um Warteschlangen zu vermeiden: Gehen Sie einfach nicht rein.

men, Madame Tussauds bietet all das und mehr. Marie Tussaud war während der französischen Revolution sehr fleißig gewesen und hatte Totenmasken von Persönlichkeiten wie Ludwig XIV, Marie Antoinette oder Robespierre angefertigt. Als die Madame 1802 erstmals von Paris nach London reiste und dort ihre Werke ausstellte, gab es noch keine Fotografie und schon gar keine Klatschmagazine, und so bot sich Besuchern die seltene Gelegenheit herauszufinden, wie jene Berühmtheiten eigentlich aussahen. Heute stehen Heerscharen von Touristen jeden Tag bereitwillig in endlosen Warteschlangen vorm Eingang, um schlechte Wachskopien von echten Menschen anzuschauen, die sie ohnehin schon Tausendfach in Film und TV gesehen

Sherlock Holmes Museum

🚇 Baker Street | ✉ 221b Baker Street (zwischen 237 und 241) NW1 6XE
www.sherlock-holmes.co.uk | ⏱ Mo-So 09:30-18 Uhr | Eintritt 6 £

Schon die U-Bahn-Station steht ganz im Zeichen des großen Detektivs, das berühmte Profil mit Meerschaumpfeife und Deerstalker-Mütze ziert die Wände, am Marylebone-Ausgang begrüßt eine 3-m-Statue den Ankömmling. 1990 wurde ein Stadthaus zur Baker Street 221b – die es in Wirklichkeit nie gab – umfunktioniert und zum privaten Museum umgebaut. Vorm Eingang steht ein Bobby in historischem Gewand, im Erdgeschoss muss man sich einen Weg durch den Souvenir-Shop bahnen, bevor man die Stufen zur ersten Etage erklimmen darf. Dort wurde Holmes' Arbeitszimmer nachgebaut, so detailgetreu, wie es anhand von Conan Doyles Geschichten möglich ist. Das

Sherlock Holmes Museum

ist ganz amüsant, und man darf sich auch in Holmes' Sessel in Denkerpose fotografieren lassen. Im zweiten Stock ist das weit weniger aufregende Schlafzimmer von Dr. Watson zu besichtigen, im dritten Stockwerk werden mit Figuren ein paar Szenen aus Holmes-Geschichten nachgestellt.

Regent's Park

 Baker Street / Regent's Park
www.royalparks.gov.uk/parks/
The-Regents-Park

Der 166 Hektar große Park wurde 1835 eröffnet und besteht weitgehend aus Wiesenlandschaft. Im Norden wird er vom Regent's Canal und dem London Zoo begrenzt. Auf dem See kann man romantisch Ruderboot fahren, so wie Trevor Howard und Celia Johnson in David Leans „Brief Encounter" (1945), oder Enten in die ewigen Jagdgründe befördern, so wie Nicholas Hoult und Hugh Grant in „About A Boy" (2002). Im Inner Circle befindet sich Queen Mary's Garden, ein Meer aus Rosen. Und natürlich das Open Air Theater (www.openairtheatre.org), wo den Sommer über erstklassige Theater- und Musicalproduktionen aufgeführt werden. Wenn Ihnen die Spazierwege zu lang sind, schnappen Sie sich einfach ein Boris-Bike (an den Tennisplätzen im Süden oder dem Zoo-Haupteingang im Norden).

London Zoo

🔴 **Baker Street / Camden Town**
✉ **Regent's Park NW1 4RY**
www.zsl.org/zsl-london-zoo;
⏱ **Mo-So 10-17:30 Uhr** | Eintritt 21,50-25 £
(je nach Termin)

Muss man unbedingt nach London fahren, um in den Zoo zu gehen? Wahrscheinlich nicht. Aber wenn man doch schon mal da ist… 1828 eröffnet, ist der London Zoo einer der ältesten der Welt. Seit einigen Jahren wird umgebaut, um ihn besucherfreundlicher zu gestalten. Zu den „neuen" Attraktionen gehören die African Bird Safari und der Blackburn Pavilion, wo Sie exotische Vögel aus nächster Nähe beobachten können, Into Africa, wo Sie Giraffen auf Augenhöhe begegnen dürfen, und Meet The Monkeys, wo Sie durch ein Gehege mit Totenkopfäffchen spazieren (Vorsicht vor kleinen, pelzigen Taschendieben – die Äffchen sind neugierig und clever!).

London Zoo

Regent's Park

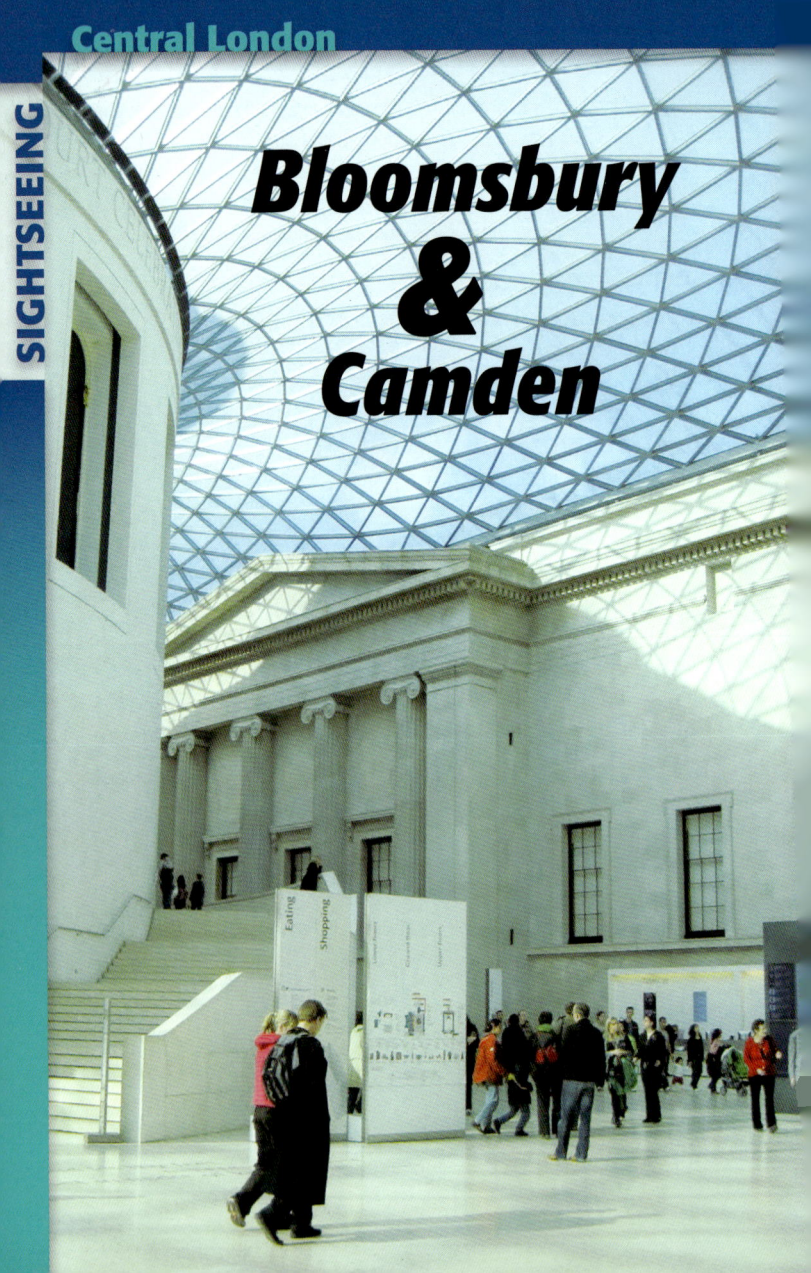

Bloomsbury & Camden

Bloomsbury & Camden

Bildungsbürger bekommen ganz feuchte Augen, wenn sie „Bloomsbury" hören. Nicht bloß, weil hier das British Museum, die British Library und die University of London beheimatet sind, sondern auch weil sich hier in Wohnzimmern und Salons die Mitglieder der „Bloomsbury Group" trafen, jenes Intellektuellenzirkels, dem große Namen wie Virginia Woolf, E.M. Forster oder John Maynard Keynes angehörten, und der von Anfang des 20. Jahrhunderts bis zum Zweiten Weltkrieg großen Einfluss auf die Modernisierung der britischen Kultur und Gesellschaft hatte. Camden hingegen lief nie Gefahr, zu kopflastig, zu elegant, zu gediegen zu werden. Charles Dickens beschrieb Camden einmal als „shabby, dingy, damp, and as mean a neighbourhood as one would desire not to see". Ab den 1960ern wurde Camden immer jünger, hipper und trendiger. Punk Rock, Indie und Britpop hinterließen ihre Spuren. Heute hat sich Camden immer noch ein alternatives, gegenkulturelles Flair bewahrt, ganz gleich wie viele Millionen Touristen jährlich durch die Camden Markets trampeln.

Pollock's Toy Museum

🚇 **Goodge Street** | ✉ **1 Scala Street W1T 2HL** | www.pollockstoymuseum.com
🕐 **Mo–Sa 10–17 Uhr** | Eintritt 5 £

In zwei miteinander verbundenen kleinen Knusperhäuschen ist historisches Spielzeug aus aller Welt zu sehen. Auch für Eltern mit Kindern interessant. Nach einem ausgiebigen Besuch mit Holzpuppen und Brummkreiseln können sich die Blagen sogar wieder über eine Playstation 2 freuen…

British Museum

🚇 **Russell Square / Tottenham Court Road** | ✉ **Great Russell Street WC1B 3DG**
www.britishmuseum.org | 🕐 **Sa–Do 10–17:30, Fr 10–20:30 Uhr; Multimedia-Guide 5 £** | Eintritt frei

Die Mutter aller Museen… Das British Museum zeigt nicht weniger als die Geschichte der menschlichen Zivilisation. Dem Empire sei Dank! Im 19. Jh. wehte der Union Jack über einem Viertel der Welt und die Briten holten alles aus den Kolonien, was nicht niet- und nagelfest war. Ob das Diebstahl war oder die noble Absicht, kostbarste Kulturgüter sicher für die Nachwelt zu erhalten, wird immer wieder leidenschaftlich diskutiert, wenn eines der „Spenderländer" ein Exponat zurückfordert. Das Museum bietet geführte Rundgänge in unterschiedlicher Länge mit unterschiedlichen Schwerpunkten an. Wenn Sie lieber auf eigene Faust stöbern wollen, nehmen Sie den Multimedia-Guide mit, sonst sind die Ausstellungen ein bisschen langweilig. Eines der Museumshighlights ist der Rosetta-Stein. Auf der 1799 in einem kleinen Kaff im Nildelta entdeckten Steintafel steht der gleiche Text auf Alt-griechisch, Demotisch und in ägyptischen Hieroglyphen. Das war die Grundlage für die Entschlüsselung der Hieroglyphen. Sie finden den Rosetta-Stein im Ägypten-Flügel des Museums, also vom Haupteingang gesehen links an den Great Court angrenzend. Leider ist es manchmal so voll, dass man vor lauter Rücken und Hinterköpfen kaum einen Blick auf den Stein erhaschen kann. Der Great Court, das riesige Eingangsfoyer, gehört nicht zur Ausstellung, ist aber allein schon den Besuch wert. Das Glasdach macht den Great Court zum größten überdachten Platz Europas. Hier sind Info- und Souvenirstände untergebracht, Cafés und Toiletten. Mittendrin ist der kreisrunde Lesesaal über ein paar Stufen zu erreichen, unterm Kuppeldach sind Sonderausstellungen zu besichtigen.

TIPP *Auf der anderen Seite des Great Court, in der King's Gallery, steht ein exaktes Replikat des Rosetta-Steins in all seiner Pracht und von den Besuchermassen weitgehend unbeachtet. Wenn das Original zu sehr belagert wird, schauen Sie sich einfach die Kopie an. Ist ja nicht so als würden Sie einen Unterschied erkennen…*

Das Rosetta Replikat

Cartoon Museum

🚇 **Tottenham Court Road**
✉ **35 Russell Street WC1A 2HH**
www.cartoonmuseum.org | ⏱ **Di–Sa 10:30–17:30, So 12–17:30 Uhr** | Eintritt 5,50 £

Die besten britischen Cartoons, Comics und Karikaturen – so der Anspruch des Museums. Moderne Anspielungen auf Thatcher, Blair und Konsorten sind uns natürlich wohlvertraut, bei manchen älteren Karikaturen, aus dem 18. oder 19. Jh. etwa, wird es schon etwas schwieriger.

The Charles Dickens Museum

🚇 Chancery Lane / Russell Square
✉ 48 Doughty Street WC1N 2LX
www.dickensmuseum.com
🕐 Mo-So 10-17 Uhr | Eintritt 8 £

Da ja 2012 Dickens-Jahr war (200. Geburtstag), sei kurz auf das Museum hingewiesen, wo eine große Menge Dickens-Devotionalien Besuchern harrt. Dickens selbst hat hier für knappe zwei Jahre gewohnt, einige Räume sind wie damals eingerichtet, in anderen werden Bilder und Manuskripte ausgestellt. Nach großem Umbau wurde Dezember 2012 wiedereröffnet.

Wellcome Collection

🚇 Euston Square | ✉ 183 Euston Road NW1 2BE | www.wellcomecollection.org
🕐 Di/Mi/Fr/Sa 10-18, Do 10-22, So 11-18 Uhr | Eintritt frei

British Library

Der weitgereiste Sir Henry Wellcome sammelte Bücher, Bilder und Objekte, die mit Medizin zu tun haben, zumindest entfernt. Und so können staunende Besucher u.a. japanisches Sexspielzeug aus Porzellan, einen Keuschheitsgürtel oder Napoleons Zahnbürste begutachten.

British Library

🚇 Euston Square / Euston / King's Cross
✉ 96 Euston Road NW1 2DB
www.bl.uk | 🕐 Mo/Mi/Do/Fr 09:30-18, Di 09:30-20, Sa 09:30-17, So 11-17 Uhr
Eintritt frei

Von außen ein hässlicher Betonbau, innen ein heller, weitläufiger Wissenstempel. Das Herzstück ist der sechsstöckige Glasturm, der die Sammlung König Georges III. beherbergt. Im Schummerlicht der Dauerausstellung „Treasures of the British Library" werden Kostbarkeiten wie die Magna Carta, der erste Shakespeare-Foliant, eine der ältesten Bibeln der Welt, die Partitur von Händels Messias, Beatles-Texte und vieles mehr gezeigt.

King's Cross / St Pancras Bahnhof

🚇 King's Cross
✉ Euston Road N1 9AL | Eintritt frei

2012 wurde das Areal für eine Fantastillion Pfund umgebaut und renoviert.

Zum Hogwarts Express

faszinierender aber ist der zweite Teil der Ausstellung: Eiscreme! Das Lagerhaus gehörte Carlo Gatti, Londons Eiskrem-Pionier, der hier gegen Ende des 19. Jh. Eis aus Norwegen bunkerte. Eine der „ice wells" ist heute noch zu besichtigen.

Das Museum ist ein prima Startpunkt für einen ausgedehnten Spaziergang entlang des Regent's Canal bis nach Camden Town.

Uns interessiert aber natürlich nur, wo sich Plattform 9 ¾ befindet. In der Nähe von Plattform 9 und 10, westliche Abfahrtshalle, unterhalb des Fußweges ins Hauptgebäude steckt ein Gepäckwagen halb in der Wand, so als wäre er schon fast am Hogwarts Express angekommen. Harry-Potter-Fans aus aller Welt posieren für Fotos. Die schöne viktorianische Außenfassade, die wir aus den Filmen kennen, ist übrigens nicht von King's Cross, sondern die vom St Pancras-Bahnhof gleich nebenan.

Canal Museum

🚇 **King's Cross** | ✉ **12-13 New Wharf Road N1 9RT** | www.canalmuseum.org.uk
🕐 **Di-So 10-16:30** | Eintritt 4 £

In einem viktorianischen Lagerhaus untergebracht, widmet sich das Museum der Geschichte der Wasserwege, die London einst aderngleich durchzogen und als Transportwege dienten. Noch

Regent's Canal

Regent's Canal

Der Kanal führt 14 km lang durch den Norden von Londons Zentrum, von Little Venice über Camden Town, vorbei an Regent's Park und London Zoo bis zum Limehouse Basin in den Docklands. Das 19. Jh. war die Blütezeit des Kanals. Unmengen von Waren wurden in den Londoner Docks auf die schmalen Kanalboote („narrowboats") verladen und weitertransportiert. Die letzten kommerziellen Boote fuhren

Regent's Canal

in den 1960ern. Mittlerweile ist der Kanal als Transportweg unbedeutend, aber ein beliebtes Naherholungsgebiet. Aus den Leinpfaden am Kanalufer, auf denen Pferdefuhrwerke unterwegs waren, sind Spazierwege geworden. Der schönste Streckenabschnitt ist von Little Venice bis zum Camden Lock, an der Nordseite des Regent's Park entlang. Man ist mitten in der Stadt, aber völlig im Grünen. Und man kann London mal von einer völlig anderen Seite sehen: alte Lagerhäuser, Hausboote, malerische Brücken (und ein paar hässliche). Falls Sie sich Sorgen wegen der langen Wegstrecke machen: Fahrrad fahren ist erlaubt.

Oder aber Sie machen auf Tradition und buchen einen Trip im Narrowboat. Mit Jason's Trip (www.jasons.co.uk) oder der London Waterbus Company (www.londonwaterbus.com) werden Sie in ca. 45 min von Little Venice zum Camden Lock geschippert, Live-Kommentar inklusive.

Camden Markets

🚇 **Camden Town / Chalk Farm**
✉ **Chalk Farm Road NW1 8AF**
www.camdenlockmarket.com | Eintritt frei

Shopaholic-Nirvana. 1974 fand der erste Markt statt, mittlerweile gibt es um Camden Lock und Chalk Farm Road deren sechs. Verlassen Sie die Camden Town Tube Station und folgen Sie der Chalk Farm Road Richtung Regent's Canal. Amüsieren Sie sich über die ausgefallenen Dekorationen mancher Häuser. Nach dem Kanal geht es nach links zum Camden Lock Market, mit

Camden Lock

Camden Lock Market

alles überall gibt: Schmuck, Haushalts-
waren, Deko-Plunder, gebrauchte CDs
und Bücher. Und natürlich Klamotten
ohne Ende: Gothic, Batik, Second
Hand, Vintage, originelle Designerware
und peinliche Touri-Fetzen.

Stables Market Stables Arc 1854

dem alles begann. Etwas weiter die
Straße runter folgt der Stables Market,
der optisch eindrucksvollste Markt. In
ehemaligen Stallungen untergebracht,
mit Pferdemotiven, -schnitzereien,
-skulpturen.
Traditionell waren und sind Sa/So
Hauptmarkttage, aber die meisten
Stände und Läden haben die ganze
Woche über geöffnet. Der Stables
Market hat sich ein wenig auf Möbel
spezialisiert, der Camden Lock Market
ist immer noch die erste Adresse für
Kunsthandwerk, aber grundsätzlich
kann man davon ausgehen, dass es

TIPP *Wenn Sie von der Chalk Farm
Road an der Eisenbahnbrücke
nach links abbiegen, stoßen Sie
auf eine grandiose Ansammlung von Essens-
ständen aus aller Herren Länder. Schlendern
Sie gemächlich herum, schauen Sie interessiert – dann wird man Sie unweigerlich
ansprechen und Ihnen einen Probehappen
anbieten. So können Sie sich durch die halbe
Welt futtern, bevor Sie den Resthunger mit
einem billigen Stück Brotrinde stillen.*

Camden High Street

WILD FOOD CAFÉ

NEAL'S YARD REMEDIES

Soho
&
Covent Garden

Soho & Covent Garden

Das unvermeidliche London. Hier kommt jeder Tourist vorbei. Bei Filmpremieren wird der Leicester Square zur Fanmeile. Im West End stehen die meisten der Londoner Theater, wo Groß- produktionen wie „The Lion King" oder „Les Miserables" jährlich Abertausende anlocken.

Soho ist übrigens Londons Rotlichtbezirk. Wenn Sie also auf der Straße unvermittelt eine junge Frau fragt, „Do you want to have a good time?", dann überlegen Sie sich genau, was Sie antwor- ten. In schäbigen Hauseingängen hängen hastig hingekritzelte Zettel, die „Models" in den oberen Stockwerken versprechen. Wer sich jedoch auf internationale Schönheitsköniginnen freut, wird um eine Erfahrung reicher sein, wenn er der russischen Babuschkas und buckligen Bulgarinnen ansichtig wird. Wo ist Claudia Schiffer, wenn man sie braucht?

Piccadilly Circus

 Piccadilly Circus

1819 als Teil eines aus Regent Street und Piccadilly bestehenden Pracht- boulevards fertiggestellt, entwickelte sich der Circus schnell zu einem Ver- kehrsknotenpunkt. Von altem Prunk ist wenig übrig. Zu viele Autos stehen auf den Straßen im Verkehrsstau, während sich zu viele Menschen auf zu engen Bürgersteigen drängen. Momentan plant man wieder, den Circus umzu- gestalten. Hoffnung für Fußgänger besteht jedoch nicht: es sollen bloß die Straßen verbreitert werden. Am

Piccadilly Circus

Schönsten ist es nachts, nach einer Theatervorstellung, dann ist (etwas) weniger los und die berühmte Leuchtreklame erhellt die Straße.

Leicester Square

 Leicester Square

Ein Rudel beschwipster Engländerinnen mit rosa Cowboyhüten zieht mit 110 dB an mir vorbei – untrügliches Zeichen für einen Junggesellinnenabschiedsabend. Der Leicester Square ist einer der lebhaftesten Plätze Londons, nicht unbedingt einer der schönsten. Dank der vielen Kinos gilt der Platz auch als das Zentrum des britischen Films. Was traurig ist, denn die grotesk überteuerten Multiplexe von Odeon, Empire oder Vue sind kein Ruhmesblatt – weder für den britischen Film noch

Leicester Square

fürs Kino überhaupt. Im Boden um den Platz herum sind die Handabrücke von Stars eingelassen. Lustig: Die Kinderhände von Tom Cruise im Vergleich zu Schwarzeneggers tellergroßen Pranken. Die kleine Grünanlage in der Platzmitte ist selten leer (und sauber) genug für ein Ruhepäuschen.

Chinatown

 Leicester Square

Ursprünglich befand sich Chinatown in Ostlondon, aber aus Furcht vor Kriminalität und lasterhaften Opiumhöhlen wurden die „Slums" 1934 geräumt. Das heutige Chinatown besteht im Wesentlichen aus der Gerrard Street nördlich des Leicester Square und ein bisschen Drumherum. Ein rotes Drachentor an der Straßenmündung suggeriert Jahr-

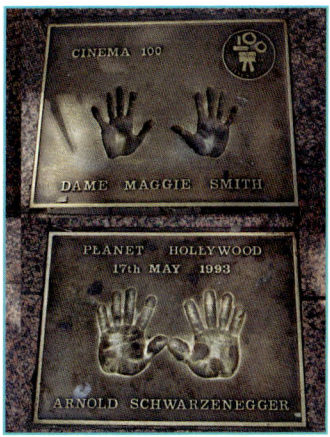

Chinatown

drängt sich alles nach draußen. Da die Gegend um Covent Garden herum Fußgängerzone ist, kann man wunderbar schlendern. London zeigt sich hier von seiner südeuropäischsten Seite. Nicht umsonst nennt man den Platz um die Markthalle auch „Piazza". An der Westseite vor der Actor's Church sorgen fast den ganzen Tag über Straßenkünstler, Schausteller und Artisten für Unterhaltung.

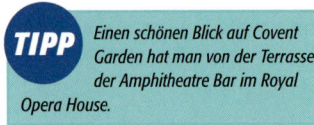

TIPP *Einen schönen Blick auf Covent Garden hat man von der Terrasse der Amphitheatre Bar im Royal Opera House.*

tausende alte chinesische Tradition, aber in Wirklichkeit haben sich die Chinesen erst seit den 1950er Jahren hier angesiedelt, der billigen Mieten wegen. Ein chinesisches Restaurant reiht sich ans nächste, und wo es kein chinesisches Essen gibt, gibt es chinesische Heilkräuter.

Covent Garden

🚇 **Covent Garden / Leicester Square**
www.coventgardenlondonuk.com

Die ehemalige Markthalle aus dem 19. Jh. beherbergt kleine Shops und Stände mit Kunsthandwerk, Beauty-Produkten oder Mode. Im tiefergelegenen Innenhof befinden sich Cafés und Bistros. Ein Törtchen von Candy Cakes, ein Sandwich von Amy's Deli, dazu Live-Musik von einem Streichquartett – und die Zeit verfliegt. Bei gutem Wetter

Die U-Bahn-Station Covent Garden ist eine der berüchtigsten in London. Da die Bahnsteige sehr tief liegen, gibt es keine Rolltreppen, nur ein paar Fahrstühle – und ein Treppenhaus für Extremsportler. Tagsüber ist es nicht zu dramatisch, aber wenn abends die Theatervorstellungen aus sind, stauen sich

Covent Garden

Covent Garden

dort Menschenmassen. Spazieren Sie lieber Richtung Leicester Square, gehen Sie noch für einen Drink oder zwei in eine Kneipe – schließlich ist die Nacht noch jung und Sie erst recht!

St Paul's Covent Garden

🚇 **Covent Garden / Leicester Square**
✉ **Belford Street, WC2E 9ED**
www.actorschurch.org | Eintritt frei

1633 von Inigo Jones erbaut, trägt die Kirche wegen der Verbundenheit zur Theaterszene den Beinamen „Actor's Church". Das bemerkenswerte an der Kirche sind nicht Kunstschätze (es gibt keine), sondern die unzähligen

Gedenktafeln, mit denen die Wände gespickt sind. Bekannte wie unbekannte Schauspieler wurden verewigt, darunter Größen wie Charlie Chaplin, Noel Coward oder Boris Karloff. Die wohl schönste Widmung erhielt Vivien Leigh („Scarlett O'Hara") mit einem Zitat aus Shakespeares „Antony and Cleopatra". „Now boast thee, death, in thy possession lies a lass unparallel'd."

TIPP *Der Kirchgarten, obwohl nur ein paar Meter vom Trubel der Piazza entfernt, bietet relative Ruhe und dank der vielen Bänke eine willkommene Gelegenheit, ein paar Sandwiches zu verdrücken.*

Garten, St Paul's Church

Royal Opera House

🚇 **Covent Garden / Leicester Square**
✉ **Bow Street, WC2E 9DD**
www.roh.org.uk | **Guided Tours 9,50/ 12,00 £** | ⏱ **(Mo-Fr 10:30-14:30, Sa 10:30-13:30 Uhr)**

Opernaufführungen im 18. und 19. Jh. boten eine Menge Nervenkitzel. Nicht unbedingt wegen der Stücke, sondern weil dank Kerzen und Gaslampen jeden Moment das ganze Haus abfackeln konnte. Seit der Eröffnung 1732 ist das zwei Mal passiert, 1808 und 1856. Diese dritte Inkarnation ist also die bisher langlebigste. Einen interessanten Einblick in die Geschichte des Hauses bietet die Backstage-Tour (75 min, 12 £) oder die „Velvet, Glit & Glamour-Tour" (45 min, 9,50 £, nur Auditorium). Die Bars und Restaurants im ROH sind übrigens auch ohne Ticket zugänglich. Fahren Sie mit der Rolltreppe unter dem prächtigen Glasdach der Floral Hall hoch zur Amphitheatre Bar. Von der Terrasse aus haben Sie einen hervorragenden Blick auf Covent Garden.

Neal's Yard

🚇 **Covent Garden**
✉ **London WC2H 9DP**

Eine kleine, bunte Öko-Oase. Von Monmouth St oder Shorts Gardens durch zwei unscheinbare Passagen zu erreichen. Nicholas Saunders, einer der Köpfe der britischen Alternativbewegung und Autor von Büchern wie „E for Ecstacy" oder „Alternative London", eröffnete hier 1976 einen Bio-Laden mit großem Erfolg. Café und Apotheke folgten, ebenso wie eine Bäckerei. Ein New-Age-Buchladen macht Sinnsuchende glücklich. Die Neal's Yard Salad Bar hat vegetarische und auch vegane Speisen im Angebot. Sehr trendy ist derzeit „Walk-in Backrub". Gestresste Bürohengste lassen sich für 11 £ zehn Minuten lang den Rücken kraulen. Vor allem aber ist Neal's Yard dank der knallbunten Häuser- und Ladenfronten ein beliebtes Fotomotiv.

London Transport Museum

Covent Garden | ✉ The Piazza, WC2E 7BB | www.ltmuseum.co.uk
⏱ Sa-Do 10-18, Fr 11-18 Uhr
Eintritt 15 £

In einer der ehemaligen Markthallen von Covent Garden untergebracht, beleuchtet das Museum die Geschichte des öffentlichen Personennahverkehrs in London und die Bedeutung desselben für die Entwicklung einer modernen Metropole. Zur Ausstellung gehören einige Fahrzeuge wie Trams, Kutschen und Busse, außerdem Uniformen, alte Tickets, Münzen und Schilder. Sehr interessant sind die umfangreichen Foto- und Postergalerien. Die Fotos vermitteln einen schönen Eindruck von London wie es früher war, und die alten Werbeplakate mit ihren kühnen Designs sind eine Augenweide. Ob das alles 13,50 £ wert ist – nun, entscheiden Sie selbst.

Neal's Yard

Holborn
&
The City

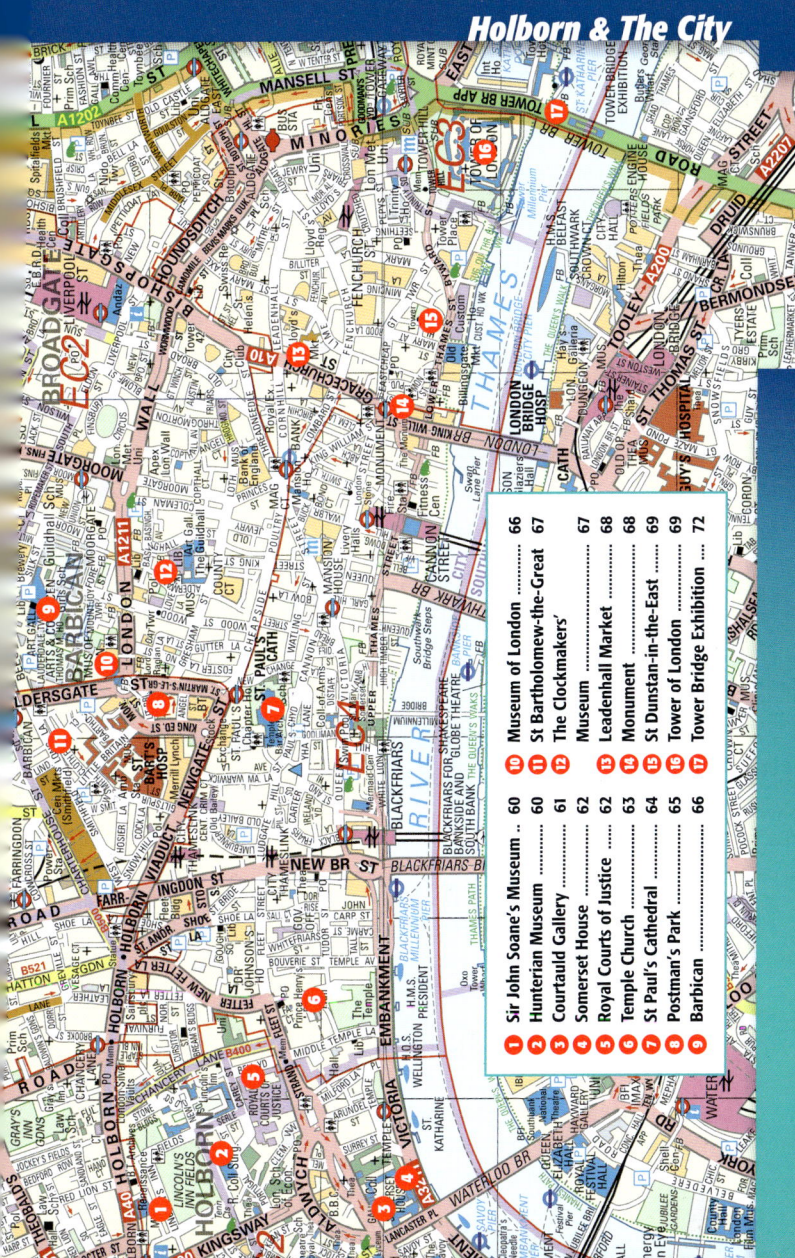

❶	Sir John Soane's Museum ..	60
❷	Hunterian Museum	60
❸	Courtauld Gallery	61
❹	Somerset House	62
❺	Royal Courts of Justice	62
❻	Temple Church	63
❼	St Paul's Cathedral	64
❽	Postman's Park	65
❾	Barbican	66
❿	Museum of London	66
⓫	St Bartholomew-the-Great	67
⓬	The Clockmakers' Museum	67
⓭	Leadenhall Market	68
⓮	Monument	68
⓯	St Dunstan-in-the-East	69
⓰	Tower of London	69
⓱	Tower Bridge Exhibition	72

Holborn & The City

Die „City of London", gerne auch nur „The City" oder „Square Mile" genannt, ist das alte London, das London Shakespeares. Davon ist freilich nicht mehr viel zu sehen, der große Brand von 1666 hat das meiste zerstört. Heute bestimmen moderne Bürotürme das Bild: Das Lloyds-Gebäude oder 30 St Mary Axe (the „gherkin" – die Gurke) sind Musterbeispiele für innovative Architektur. Die City ist Londons Finanzzentrum, dementsprechend tummeln sich zwischen 9 und 5 Heerscharen von fleißigen Büroarbeitern in identischen dunklen Anzügen in den Straßen. Nachts dagegen ist die City klinisch tot und alle Versuche, den Patienten wiederzubeleben, sind bisher gescheitert. Kein Wunder: Zwar drängeln sich tagsüber 300.000 Menschen in der City, aber nur ca. 10.000 wohnen tatsächlich dort. Als London noch Londinium hieß und die Römer das Sagen hatten, lebten im gleichen Stadtgebiet bis zu 60.000 Menschen – allerdings ohne Starbucks oder Toiletten mit Wasserspülung.

Sir John Soane's Museum

🚇 **Holborn** | ✉ **13 Lincoln's Inn Fields, WC2A 3BP** | www.soane.org
🕐 **Di-Sa 10-17 Uhr** | Eintritt frei

Der Architekt Sir John Soane verband drei aneinandergrenzende Häuser und verstaute dort seine nicht unbeträchtliche Kunstsammlung. In engen Räumen und Treppenaufgängen hängen und stehen Bilder, Vasen, Skulpturen und weitere Kunstgegenstände. Selbst bei drei Häusern hatte Soane nicht genug Wände für alle Bilder, und so hängen viele von ihnen vor und hinter mehrfach aufklappbaren Wandpanelen.

Hunterian Museum

🚇 **Holborn** | ✉ **35-43 Lincoln's Inn Fields (Royal College of Surgeons), WC2A 3PE** | www.rcseng.ac.uk/museums
🕐 **Di-Sa 10-17 Uhr** | Eintritt frei

Freunde des Morbiden frohlocken beim Anblick von Regalreihen mit eingelegten Föten, dem Skelett des „Irischen Riesen" Charles Byrne (2,31 m), oder – ja, doch – der

Zahnprothese Winston Churchills. Außerdem lässt eine umfangreiche Sammlung chirurgischer Instrumente aus dem 17. Jh. das deutsche Gesundheitswesen plötzlich sehr attraktiv aussehen. Das Dickens-Jahr 2012 wurde im Museum auf ganz eigene Weise gefeiert: mit einer Ausstellung über „Dickensische" Krankheiten wie Scharlach, Typhus oder Tuberkulose. Wer „Körperwelten" zu reißerisch findet, aber trotzdem mal sehen will, wie einzelne Körperteile eigentlich aussehen, kommt auf seine Kosten.

Courtauld Gallery

Temple / Embankment / Charing Cross | ⊠ Strand, WC2R 0RN
www.courtauld.ac.uk | Mo-So 10-18 Uhr
Eintritt 6 £ (Mo 3 £)

Im Nordflügel von Somerset House untergebracht, beherbergt die Courtauld Gallery eine der schönsten Gemäldesammlungen Londons. Die Privatkollektion des Industriellen Samuel Courtauld mit Werken des Impressionismus und Spätimpressionismus diente bei der Eröffnung 1932 als Grundlage. Dazu gehören Meisterwerke wie Manets „Bar in den Folies-Bergére", Cézannes „Mont Sainte-Victoire", Van Goghs „Selbstporträt mit abgeschnittenem Ohr" und vieles mehr. Später kamen noch weitere Werke alter Meister wie Brueghel, Rubens, Botticelli, Goya und anderen hinzu. Die Galerie ist Teil eines Instituts für Kunstgeschichte und vielleicht sind auch deshalb die Infotafeln bei den Bildern besonders ausführlich. Auch wenn die Sammlung es nicht an Umfang und Tiefe mit der National Gallery aufnehmen kann, der Besuch ist ein Vergnügen und dringend zu empfehlen. Besuchen Sie auch die ausgezeichnete Website, auf der Sie Videos und Podcasts und weitere Infos über die Bilder finden.

Courtauld Gallery

Somerset House

🚇 **Temple / Embankment / Charing Cross** | ✉ **Strand, WC2R 1LA**
www.somersethouse.org.uk | ⏱ **Mo-So 10-18 (Galleries), 08-23 Uhr (Court & Terrace) Eintritt je nach Ausstellung (Embankment Galleries),** Eintritt frei **(Court & Terrace)**

Als der Stadtpalast im 18. Jh. erbaut wurde, plätscherte die Themse noch direkt an der Südseite des Gebäudes vorbei. Besucher konnten die schmutzigen Londoner Straßen vermeiden und stattdessen mit dem Boot die hauseigene Anlegestelle ansteuern. Im Laufe seiner Geschichte waren im Somerset House ehrwürdige Institutionen wie die britische Admiralität, Royal Academy, Royal Society usw. untergebracht. Heute geht es bürgerlicher zu. Im großen Innenhof werden aus 55 Düsen Wasserspiele inszeniert – bei planschenden Kindern ein Renner. Sommers findet an gleicher Stelle ein Filmfestival statt, dass es zwar in Sachen Projektionstechnik und Sound nicht mit modernen Multiplexen aufnehmen kann, dies aber dank der Kulisse mit reichlich Atmosphäre wettmacht. Im Winter wird die Fläche als Eislaufbahn genutzt. In den verschiedenen Flügeln des Palastes finden wechselnde Ausstellungen statt. Gelegenheit für eine Rast bietet die Embankment Terrasse mit Flussblick. Ein paar Meter unterhalb der Terrasse rauscht nicht die Themse, sondern der Straßenverkehr vierspurig. Stellen Sie sich einfach vor, es wäre Brandung.

Royal Courts of Justice

🚇 **Temple** | ✉ **Strand, WC2A 2LL**
www.justice.gov.uk | ⏱ **Mo-Fr 09-17 Uhr** Eintritt frei

Nicht zu verwechseln mit dem legendären Strafgerichtshof „Old Bailey", den Sie ein paar Hundert Meter weiter östlich finden. Die 76 Gerichtssäle der RCJ sind öffentlich zugänglich, sofern Sie den Securitycheck überstehen. Sie können Verhandlungen beiwohnen, aber bleiben Sie realistisch: Auftritte

Somerset House

Temple Church

wie der von Charles Laughton in „Zeugin der Anklage" oder wenigstens John Cleese in „Ein Fisch namens Wanda" sind eher nicht zu erwarten. Aber immerhin: Anwälte und Richter tragen immer noch die lustigen Perücken. Achtung: Die Mitnahme von Taschen, Rucksäcken, Essen und überhaupt allem außer den Kleidern, die man am Leibe trägt, ist in RCJ und Old Bailey verboten und es gibt keine Aufbewahrungsmöglichkeit.

Temple Church

🚇 Temple | ✉ King's Bench Walk, EC4Y 7BB | www.templechurch.com
🕐 Mo-So 14-16 Uhr | Eintritt 4 £

Dan Brown hat der kleinen Kirche mit seinem Da Vinci Code zu gänzlich unwillkommenem Ruhm verholfen. Seit Brown seinen Helden Robert Langdon durch die Temple Church stolpern ließ, tummeln sich hier Verschwörungstheoretiker auf der Suche nach Geheimnissen. Das größte Rätsel hat noch niemand entschlüsselt, nämlich

wie jemand mit Browns plumper Prosa überhaupt einen Buchverlag finden konnte.

Die Kirche wurde im 12. Jh. im Auftrag der Templer erbaut, die dort ihre geheimen Initialisierungsrituale abhielten. Nach der Zerschlagung der Templer 1307 ging die Kirche in den Besitz des Johanniterordens über, bis 1540 auch dieser verboten wurde. Die Temple Church überstand Jahrhunderte unbeschadet, bis sie im 2. Weltkrieg von einer Brandbombe getroffen wurde. Die anschließende Restaurierung wurde 1958 abgeschlossen.

Temple Church

Innen gibt es so viel nicht zu sehen. Die im Boden eingelassenen Templer-Gräber sind leer, aufregende Kunstschätze gibt es nicht. Aber das ungewöhnliche Aussehen des kreisrunden Kirchengebäudes und seine Lage im malerischen Temple-Bezirk (voll alter, schmaler Gassen, Höfe, Gärten, Gaslampen) machen den Abstecher lohnenswert.

St Paul's Cathedral

🚇 St Paul's | ✉ Ludgate Hill, EC4M 8AD | www.stpauls.co.uk | 🕐 Mo-Sa 08:30-16 Uhr | Eintritt 15 £ (Multimedia-Guide inkl.)

Neben Big Ben und Tower Bridge DAS Wahrzeichen Londons. Wir sehen heute Version 2.0, denn die originale St Paul's Cathedral fiel dem großen Brand von 1666 zum Opfer. Sir Christopher Wren erhielt den Auftrag, eine neue Kirche zu errichten. Nach mehr als 40 Jahren Bauzeit wurde die neue Kathedrale Weihnachten 1711 feierlich eröffnet. Mit 111 m Höhe war St Paul's bis 1962 das höchste Bauwerk Londons. Die Kuppel ist begehbar. Es gibt drei Ebenen („gallerys"), für jede wird der Aufstieg etwas enger und steiler. Nach 257 relativ flachen, breiten Stufen erreichen Sie die „Whispering Gallery" in 30 m Höhe. Von dort aus hat man einen wunderbaren Blick nach unten in die Kirche.

Ihren Namen trägt die Whispering Gallery wegen der Akustik. Wenn Sie

TIPP Leider ist Fotografieren in der Whispering Gallery verboten und ein Ordner achtet strikt auf Einhaltung. Zum Glück gibt es immer wieder Schulklassen, die den Ordner ablenken. Genug Zeit für ein schnelles Foto. Und immer schön unschuldig gucken.

Whispering Gallery

St Paul's Cathedral

auf der einen Seite der Galerie leise gegen die Wand flüstern, kann man es auf der anderen Seite hören (wenn es nicht gerade 50 Leute gleichzeitig ausprobieren). Nach weiteren 119 Stufen erreichen Sie die „Stone Gallery" (53 m Höhe), einen relativ großzügigen Balkon mit Rundumblick über London. Die nächsten 152 Stufen bringen Sie zur „Golden Gallery" (85 m). Falls Sie Probleme mit hohen Höhen und engen Räumen haben, sollten Sie sich diesen Aufstieg vielleicht sparen. Bevor Sie die letzte Treppe nehmen, können Sie durch ein im Boden eingelassenes Guckfenster senkrecht nach unten in die Kirche lunzen. Die Golden Gallery ist eng und windig, der Ausblick reicht kilometerweit in alle Richtungen.

Postman's Park

St Paul's | ⊠ Little Britain / Aldersgate Street, EC1A 4AS

Obwohl der kleine Park im Film „Closer" (2004; mit Natalie Portman, Julia Roberts, Clive Owen & Jude Law) eine wichtige Rolle spielte, ist er immer noch beinahe ein Geheimtipp. Das Besondere ist nicht die Grünfläche, sondern das „Memorial to Heroic Self Sacrifice".

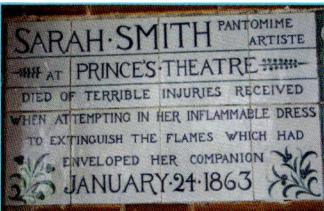

In einer Ecke des Parks erinnern mehr als 50 Keramikkacheln an Helden des Alltags, die ihr Leben gaben, um andere zu retten. Da die meisten Kacheln aus der Zeit Königin Victorias stammen, sind die Widmungen und die Todesarten manchmal etwas archaisch (Kutschenunfälle, Petroleumexplosionen), manchmal skurril, aber immer tragisch. 2009 wurde nach 78 Jahren wieder eine neue Kachel hinzugefügt, im Gedenken an Leigh Pitt, der einen kleinen Jungen vorm Ertrinken rettete und dabei selbst ums Leben kam.

Barbican

🚇 **Barbican / Moorgate** | ✉ **Silk St, EC2Y 8DS** | **www.barbican.org.uk**
⏱ **Mo-Sa 09-23, So 12-23 Uhr**

Im 2. Weltkrieg wurde das Stadtviertel weitgehend zerbombt. 1982 konnte nach 10-jähriger Bauzeit endlich das Barbican Centre eröffnet werden, eine kühne Kombination aus Kultur und Wohnen. Nicht nur ist das Barbican Londons größtes Kultur- und Konferenzzentrum (3 Kinos, 7 Konferenzsäle, 2 Theater und die Barbican Hall mit fast 1.949 Sitzplätzen, wo das London Symphony Orchestra beheimatet ist), sondern es wurden auf dem Gelände mehr als 2.000 Wohnungen und Apartments gebaut. Die Gebäude und Wohntürme sind um einen künstlichen See herum terrassenartig angelegt.

Ein Traum in Beton. In einer Umfrage wurde Barbican 2003 zum hässlichsten Gebäude Londons gewählt. Gleichzeitig ist es eines der faszinierendsten Stadtentwicklungsprojekte und die Wohnungen dort sind äußerst gefragt. Zwei geführte Touren werden angeboten: Architecture Tour und Hidden Barbican (jeweils 8 €). Bei letzterer machen Sie einen Rundgang durch sämtliche Theater, Garderoben und Proberäume, blicken hinter die Kulissen, erfahren jede Menge über Architektur und Geschichte, und enden schließlich im Conservatory, dem tropischen Wintergarten auf dem Dach.

Museum of London

🚇 **Barbican / St Paul's**
✉ **150 London Wall, EC2Y 5HN**
www.museumoflondon.org.uk
⏱ **Mo-So 10-18 Uhr** | **Eintritt frei**

Wie der Name unschwer erkennen lässt, dreht sich hier alles um die rund 2.000-jährige Geschichte Londons.

Barbican

Museum of London

Die Abteilungen sind anschaulich und informativ gestaltet, und bieten neben klassischen Exponaten auch Schmankerl wie einen „Pleasure Garden" des 17./18. Jh. (mit Videoinstallation), oder eine viktorianische Einkaufsstraße. Kostenlose Führungen werden regelmäßig angeboten und sind ein ausgezeichneter Weg, die Highlights des Museums kennenzulernen.

St Bartholomew-the-Great

🚇 Barbican / Farringdon
✉ West Smithfield, EC1A 9DS
www.greatstbarts.com | 🕐 Mo-Fr 08:30-17, Sa 10:30-16, So 08:30-20 Uhr (außer während Gottesdiensten) | Eintritt 4 £

2005 fand hier ein Gedenkgottesdienst für William Wallace („Braveheart") statt, der 700 Jahre zuvor ganz in der Nähe auf dem Smithfield Markt hingerichtet worden war. Die kleine Kirche ist ein beliebter Drehort und aus Filmen wie „Shakespeare in Love", „Elizabeth: The Golden Age" oder „Four Weddings and a Funeral" (Hochzeit Nummer Vier) bekannt.

The Clockmakers' Museum

🚇 Mansion House / St Pauls / Bank
✉ Aldermanbury (Guildhall Library), EC2P 2EJ | www.clockmakers.org
🕐 Mo-Sa 09:30-16:45 Uhr | Eintritt frei

Die älteste Uhrensammlung der Welt existiert seit 1814, fürs Publikum ist sie seit 1874 geöffnet. In einem großen Ausstellungssaal sind derzeit gut 600 Uhren zu sehen (die meisten aus dem 17. bis 19. Jh.), darunter auch die Uhr, die Sir Edmund Hillary auf dem Weg zum Mount Everest-Gipfel trug, sowie ein paar Designstudien und Kuriositäten. Für Horologen ein Muss.

Leadenhall Market

Leadenhall Market

🚇 **Bank** | ✉ **Gracechurch Street, EC3V 1LR** | www.leadenhall-market.co.uk

Ein viktorianisches Schmuckkästchen in Grün, Cremeweiß und Kastanienbraun. Kopfsteinpflaster auf dem Boden, das Dach aus Gusseisen und Glas. Der überdachte Markt wurde in seiner heutigen Form 1881 gestaltet, aber schon 400 Jahre zuvor wurden hier Märkte abgehalten. Von morgens früh bis in den Nachmittag hinein buhlen Käsehändler, Fleischer und Floristen auf dem Kopfsteinpflaster um Kundschaft. Zur Mittagszeit und nach Büroschluss tummeln sich Business-People aus den benachbarten Büros um die Pubs. In einigen Szenen aus dem ersten Harry-Potter-Film diente Leadenhall Market als Kulisse für Diagon Alley. Bei der Olympiade 2012 durften die Marathonläufer durch den Markt traben.

Monument

🚇 **Monument** | ✉ **Monument Street, EC3R 6DB** | www.themonument.info
🕐 **Mo-So 09:30-17:30 Uhr** | Eintritt 3 £ **(9 £ Kombiticket mit Tower Bridge Exhibition)**

Die 62 m hohe Säule ist ausnahmsweise kein Phallussymbol, sondern wurde 1671-1677 im Gedenken an die Feuersbrunst vom 2. September 1666 errichtet. Das Feuer wütete vier Tage lang und zerstörte vier Fünftel der Londoner City. Würde man die Säule ostwärts auf die Seite legen, markierte sie angeblich genau die Bäckerei in der Pudding Lane, in der das Feuer ausbrach. Über 311 enggewundene Stufen gelangt man zur Aussichtsplattform mit gutem Blick auf die schicken, neuen Bürotürme der City (30 St Mary Axe) und Tower Bridge. Zur Belohnung für die Kletterei erhalten Sie am Ausgang eine Urkunde.

St Dunstan-in-the-East

🔴 **Monument |** ✉ **St Dunstan's Hill, EC3R 5DD |** `Eintritt frei`

Versteckt zwischen Bürogebäuden liegt einer der schönsten Parks von London, eine kleine grüne Perle im Grau der City – und eine erstklassige Pausenstation zwischen Monument und Tower. Eigentlich stand hier seit dem Mittelalter eine Kirche, aber diese wurde im Zweiten Weltkrieg zerstört. Die anglikanische Kirche beschloss, die Kirche nicht wieder aufzubauen, die Stadt London pflanzte Rasen, stellte ein paar Bänke auf und machte einen öffentlichen Park aus den Ruinen. Jetzt stehen Bäume zwischen altem Kirchgemäuer, Efeu wächst, wo früher Buntglas war. Die malerische Idylle wird nur selten gestört, zum Beispiel wenn wieder eine Selbsthilfegruppe ihre Seele entblößt.

Für den zeitlich eher unflexiblen Reisenden ein Hindernis: „Hi, I'm Nigel, I'm an alcoholic." – „Hi, I'm Steffen, I'm a Tourist. Now get the hell out of my picture!"

Tower of London

🔴 **Tower Hill |** ✉ **Tower Hill, EC3N 4AB**
www.hrp.org.uk/TowerOfLondon
🕐 **Di-Sa 09-17:30, So/Mo 10-17:30 (Mar-Okt), Di-Sa 09-16:30, So/Mo 10-16:30 Uhr (Nov-Feb); Audioguide 4 £ |** `Eintritt 21,45 £` **(online 20,35 £)**

Nachdem Wilhelm der Eroberer 1066 die englische Krone ergattert hatte, ließ er mehrere Festungen erbauen, darunter den Tower, um den einheimischen Angelsachsen klarzumachen, dass sie ihn so schnell nicht wieder loswerden würden, und um London vor weiteren Angriffen der Norweger zu schützen,

St Dunstan-in-the-East

die sich ebenfalls Hoffnungen auf die Krone gemacht hatten. Auch heute noch fallen regelmäßig ausländische Horden in London ein – und drängeln sich vor den Kassenhäuschen. Kaufen Sie Ihre Tickets also lieber online oder bei einer Tourist Info. Mehrsprachige Lagepläne liegen direkt am Eingangstor aus.

Yeoman Warder

Yeoman Warders („Beefeaters")

Eine der ersten „Attraktionen", die Ihnen im Tower begegnet, sind bunt uniformierte Herren (und mittlerweile eine Frau), die mit lauter Stimme und großer Geste Besucher um sich scharen. Die Yeoman Warders waren seit mindestens 1509 Teil der königlichen Leibwache. Auch heute noch gehört – zumindest theoretisch – die Bewachung etwaiger Gefangener im Tower sowie die Sicherheit der Kronjuwelen zu ihren Aufgaben. Vor allem aber sind die Yeoman Warders Entertainer. Alle 30 min findet eine geführte Tour (im Eintrittspreis enthalten) durch den Tower statt, mit einem Beefeater als Guide. In einer knappen Stunde werden Sie durch die Anlage geführt, während Ihr Guide zum Teil haarsträubende Stories aus der reichen Historie des Tower erzählt. Nach Hunderten, wenn nicht gar Tausenden dieser Touren sind die Beefeater absolute Profis im Geschichtenerzählen und wissen genau, wie man ein Publikum bei Laune hält. Als Yeoman Warder können sich nur dekorierte Mitglieder der britischen Streitkräfte mit mindestens 22 Jahren Dienstzeit bewerben. Zu den Vorzügen des Jobs gehört auch eine der spektakulärsten Unterbringungen in London – nämlich in der Festungsanlage.

Kronjuwelen

Diverse Kronen, Zepter und noch viel mehr wartet hinter tonnenschweren Sicherheitstüren und dickem Sicherheitsglas. Die Kronjuwelen sind im Jewel House im Waterloo Block untergebracht. Besucher werden in kleinen Mengen langsam durchgeschleust. Zu Stoßzeiten reicht die Warteschlange

TIPP *Sie können sich ruhig mehrere Yeoman Warders anhören. Jeder Guide erzählt andere Geschichten mit anderen Pointen, beste Unterhaltung ist garantiert.*

bis nach draußen und über den halben Hof. Man sollte daher möglichst früh kommen und sich zuallererst die Kronjuwelen ansehen, bevor man sich in Ruhe dem Rest widmet. Andererseits weiß das mittlerweile jeder, so dass Sie auch dann nicht vor Wartezeiten gefeit sind. Wenn Sie Ihr Glück versuchen wollen: Jewel House liegt vom Eingang aus am White Tower vorbei ganz hinten links.

White Tower

Der älteste Teil und das namensgebende Kernstück der Festungsanlage. Die weiße Farbe erhielt er 1240 auf Anordnung von Henry II. Der White Tower diente als Königsresidenz, als Gefängnis für unliebsame Adlige und ausländische Könige, und lange Zeit gleichzeitig als Archiv und Munitionslager. Heute finden dort wechselnde Ausstellungen statt. Außerdem haben die Royal Armouries einige der spektakulärsten Rüstungen und Waffen aus ihrer Sammlung ausgestellt. Zum Beispiel eine Rüstung von Henry VIII. mit einer schmeichelhaft großen Ausbuchtung für seinen kleinen Henry.

Tower Green

Obwohl der Tower als Gefängnis einen legendären Ruf genießt, wurden in seiner rund 900-jährigen Geschichte von Tausenden Gefangenen „nur" etwa 120 hingerichtet, die meisten auf dem angrenzenden Tower Hill. Nur sieben Exekutionen fanden tatsächlich im

White Tower

Tower Green

Tower statt, darunter gleich zwei Ehefrauen von Henry VIII. An der Nordseite des Tower Green erinnert ein gläsernes Kissen als Denkmal an tragische Figuren wie die Neuntagekönigin Jane Grey, oder Anne Boleyn, die Henry VIII. keinen Sohn gebar und wegen Ehebruch, Inzest und Verrat verurteilt und enthauptet wurde. Im Beauchamp Tower auf der Ostseite der Grünfläche verbrachten viele Gefangene ihre letzten Stunden und hinterließen Sprüche oder ihren Namen an der Wand. Südlich des White Tower residieren die Tower-Raben. Angeblich werden Tower und Königreich untergehen, falls die sechs Raben verschwinden. Natürlich nur eine Legende, aber um kein Risiko einzugehen, werden den Vögeln die Flügel gestutzt.

Von der Festungsmauer aus hat man einen ausgezeichneten Blick auf die Tower Bridge.

Tower Bridge Exhibition

🚇 Tower Bridge | ✉ Tower Bridge, SE1 2UP | www.towerbridge.org.uk ⏱ Mo-So 09:30-17:30 (Okt-Mar), 10-18 Uhr (Apr-Sep) | Eintritt 8 £ (Kombiticket mit Monument 9 £)

Londons berühmte Klappbrücke wurde von 1886-1894 erbaut und ermöglichte auch größeren Schiffen die Zufahrt zu den Hafenanlagen westlich des Tower. Bis 1974 wurden die Tragwerkteile (Baskülen) durch Dampfmaschinen bewegt, seitdem elektrisch. Das alte Hydrauliksystem kann heute als Teil der Tower Bridge Exhibition besichtigt

Themse und Tower bietet. Die Ausstellung widmet sich mit Filmen, Fotos und Displays ganz Geschichte und Technik der Tower Bridge.

Die Brücke selbst ist natürlich kostenlos. Schlendern Sie gemütlich über den Fußweg neben der Straße und bestaunen Sie den Ausblick. Seitdem sich der Schiffswarenverkehr nach Osten verlagert hat, sind es fast nur noch Ausflugsboote oder Kreuzfahrtschiffe, die unter der Tower Bridge durchfahren, und sie wird nur noch ca. 1.000 Mal im Jahr geöffnet. Die genauen Termine und Zeiten finden Sie auf der Website.

werden. Diese befindet sich in den beiden Türmen und der Fußgängerpassage, die in 43 m Höhe einen netten Ausblick über

Tower Bridge

South Bank
&
Bankside

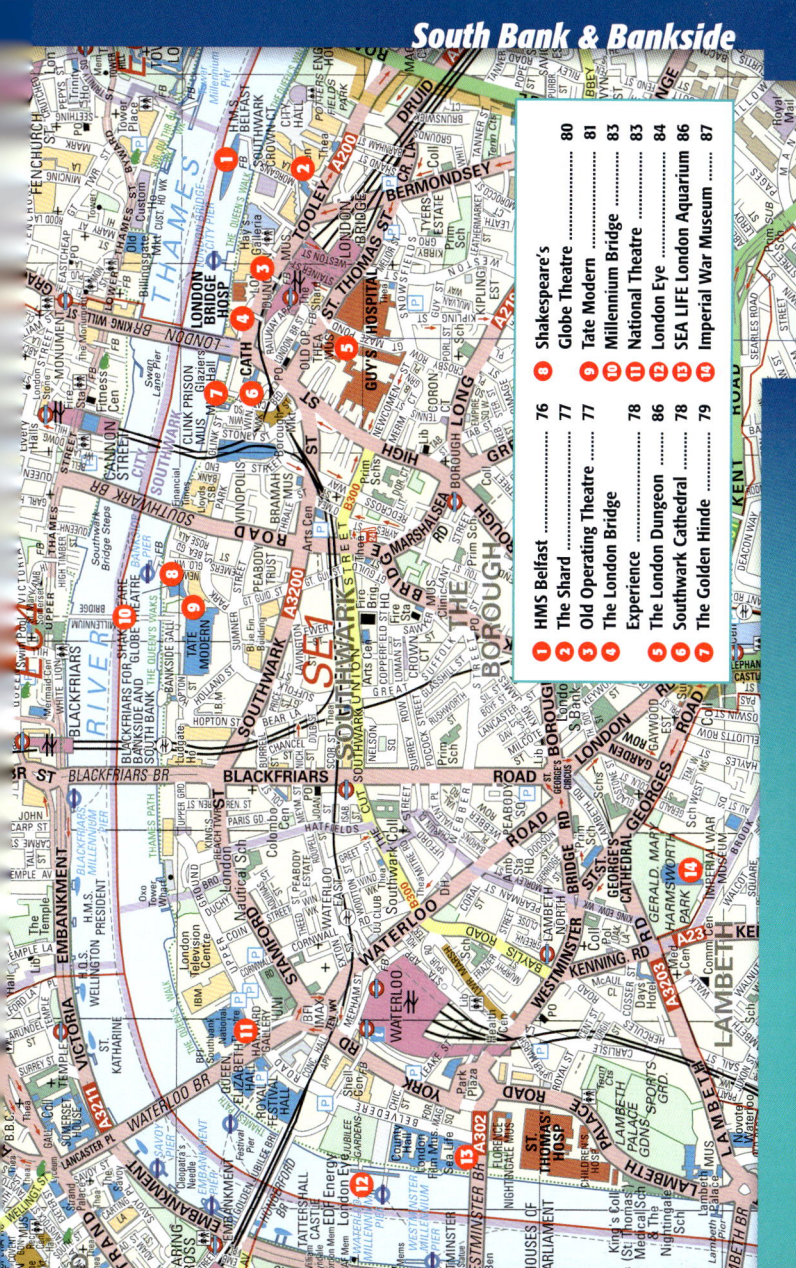

South Bank & Bankside

Anständige Bürger ließen sich südlich der Themse nicht blicken. Historisch betrachtet war die Gegend immer etwas anrüchig. Da die strengen Sittengesetze der Stadt hier nicht galten, tummelte sich dort alles, was in den Augen der Moralwächter anstößig war. Zu Shakespeares Zeiten waren Theater wie Globe und Rose angesiedelt, Bordsteinschwalben umflatterten potentielle Freier, Bankside war die Partymeile des 16. Jahrhunderts.

Mitte des 20. Jh. war die Gegend zu einer Brachlandschaft heruntergekommen. Der erste Schritt zur Besserung war die Eröffnung der Royal Festival Hall 1951. Weitere Prestigeobjekte wie das neue Globe Theatre oder das National Theatre folgten, bevor zur Jahrtausendwende mit Tate Modern, Millennium Bridge und London Eye der Umschwung endgültig vollzogen wurde. Heute ist die Gegend immens populär. Auf der schicken Uferpromenade stolpert man gerade am Wochenende förmlich über Straßenkünstler und Musikanten. Fast ohne Unterbrechung führt der Weg von der Tower Bridge bis zum London Eye, vorbei an ein paar der wichtigsten Kulturhighlights der Stadt, während man am anderen Themseufer Londons „Skyline" mit Tower, St Paul's und Westminster Palace im Blick hat.

HMS Belfast

🚇 **London Bridge** | ✉ **Morgan's Lane, Tooley Street** | www.iwm.org.uk
⏱ **Mo-So 10-18 Uhr** | Eintritt 14,50 £ (Audioguide inkl.)

Die Belfast ist ein alter Kreuzer der Royal Navy, der im 2. Weltkrieg und im Koreakrieg zum Einsatz kam.

HMS Belfast

Seit 1971 steht sie als Museumsschiff Besuchern offen. Auf 9 Decks können Sie mehr über das Leben an Bord eines Kriegsschiffes erfahren.

The Shard

🚇 **London Bridge** | ✉ **96 Tooley Street, SE1 2TH** | www.theviewfromtheshard.com **Mo-So 09-22 Uhr** | Eintritt 29,95 £ **(24,95 Online)**

Der höchste Büroturm der EU. Online-Tickets sind nicht nur billiger, durch das ausgewählte Zeitfenster reduziert man auch Wartezeiten am Fahrstuhl. Nach gründlichem Sicherheitscheck dauert die Fahrt nur etwa 1 Minute. Aussichtsplattformen befinden sich im 69. und 72. Stockwerk (244 m Höhe). Der Blick ist grandios – bei gutem Wetter. Elektronische Teleskope (für die man ausnahmsweise nicht extra zahlen muss) holen London auf Armeslänge heran, können sogar unterschiedliche Tageszeiten und Wetterverhältnisse simulieren. Wirkt etwas künstlich, ist aber ein feines Spielzeug. Gibt leider zu wenige davon. Fotografieren ist wegen der Finger- und Nasenabdrücke vorheriger Besucher auf der Rundumverglasung herausfordernd. Apropos Fotos: Gleich am Eingang wird man vor eine Green Screen gezerrt, geknipst, und kann das Bild (mit künstlichem Hintergrund) dann am Ausgang für schlappe 22 £ kaufen. Jawohl, für EIN Bild. Gnadenlos überteuert, aber schon jetzt mit enormem Besucherandrang – London hat eine neue Touristenattraktion.

Old Operating Theatre & Herb Garret

🚇 **London Bridge** | ✉ **9A St Thomas's Street, SE1 9RY** | www.thegarret.org ⏱ **Mo-So 10:30-17 Uhr** | Eintritt 6 £

Über eine Wendeltreppe gelangt man ins Dachgeschoss einer Barockkirche, wo im 17. und 18. Jh. emsige Chirurgen ihr Handwerk verrichteten. Damals kurierte man Krankheiten bekanntlich mit entweder Aderlass oder Amputation, und so ist es kein Wunder, dass die

Sterblichkeitsrate bei Operationen bei gut 30% lag. Der Operationssaal gehörte zum St Thomas-Hospital. Als dieses umzog, wurde der Raum verschlossen und vergessen, bis er 1956 wieder entdeckt wurde. Das „Theatre" sieht wie ein uralter Uni-Hörsaal aus, bis zu 150 Personen konnten den Spektakeln beiwohnen. Im „Herb Garret" wurden Heilkräuter verarbeitet, im Verbindungsgang sind historische chirurgische Instrumente ausgestellt.

The London Bridge Experience

🔴 **London Bridge**
✉ **2-4 Tooley Street, SE1 2SY, Bankside**
www.thelondonbridgeexperience.com
⏱ **Mo-Fr 10-17, Sa/So 10-18 Uhr**
Eintritt 23 £

Historienspektakel für Teenager oder Erwachsene mit Aufmerksamkeits-Defizit-Syndrom. Sie trotten durch verschieden dekorierte Räume, in denen jeweils ein Aspekt Londoner Geschichte vorgestellt wird. „Schauspieler" stellen historische Figuren dar, z.B. einen römischen Legionär oder einen plündernden Wikinger. Das Ganze hat den Informationsgehalt eines fotokopierten Handzettels und in etwa den gleichen Unterhaltungswert. Aber es ist immer noch besser als die angeschlossenen „London Tombs", eine unterirdische (im wahrsten Sinne) Horrorshow mit ganz viel Kunstblut, Blitzlichtgewitter und billigen Schockeffekten. Wer's braucht...

Southwark Cathedral

🔴 **London Bridge** | ✉ **London Bridge, SE1 9DA** | http://cathedral.southwark. anglican.org/ | ⏱ **Mo-Fr 08-18, Sa/So 08:30-18 Uhr** | Eintritt frei

Der Eintritt ist zwar frei, aber eine Spende wird nicht nur gern gesehen, sondern gern auch mal direkt angefragt. Sie sollten also etwas Kleingeld parat haben – oder genug Mumm, um „No" zu sagen. Die schmucke Kirche hat erst seit 1905 den Status einer Kathedrale, aber ein Kirchengebäude gibt es an dieser Stelle schon seit mindestens 1068. Shakespeares kleiner Bruder Edmund liegt hier begraben; John Harvard, Gründer der gleichnamigen US-Uni, wurde hier getauft.

Golden Hinde

Southwark Cathedral

TIPP *Der Kirchgarten ist enorm beliebt und oft überfüllt, da er nur einen Steinwurf von den kulinarischen Köstlichkeiten des Borough Market entfernt liegt und sich hervorragend als Lunchstation eignet.*

The Golden Hinde

London Bridge | St Mary's Overie Dock, Cathedral Street, SE1 9DE
www.goldenhinde.com | Mo-So 10-17:30 Uhr | Eintritt 6 £

Golden Hinde war der Name von Sir Francis Drakes Flaggschiff bei seiner Weltumseglung. Königin Elizabeth I. war nach seiner Rückkehr so angetan von Drakes Heldentaten (und von den Reich- tümern, die er gekaperten spanischen Schiffen abgenommen hatte), dass sie ihn zum Ritter schlagen und das Schiff zur Besichtigung ausstellen ließ. 50 Jah- re später war der Kahn verrottet, es blieb nur die Erinnerung. Bis 1973 ein origi- nalgetreues Replikat gebaut wurde, das die Weltmeere unsicher machte. Die neue Golden Hinde segelte über 225.000 Kilometer, weit mehr als das Original, und liegt seit 1996 in London vor Anker. Das Innere des Schiffes ist so aufregend nicht. Bemerkenswert ist vor allem, wie winzig die Menschen damals gewesen sein müssen: Drake hatte 80 Seeleute an Bord als er in See stach. Wenn Sie sich die Golden Hinde ganz in Ruhe von außen betrachten wollen, steuern Sie ganz einfach einen der Tische an, die ein Pub auf der Uferpromenade aufgestellt hat. Das gesparte Eintrittsgeld können Sie geschwind in ein Guinness oder zwei investieren.

Shakespeare's Globe Theatre

🚇 **Mansion House / Southwark / Blackfriars** | ✉ **21 New Globe Walk, SE1 9DT** | www.shakespearesglobe.com
🕐 **Mo-So 09-17 (Exhibition), Mo 09-17, Di-Sa 09:30-12:30, So 09:30-12 Uhr (Theater)** | Eintritt 13,50 £

„Die ganze Welt ist eine Bühne" schrieb Shakespeare in „Wie es euch gefällt", und wer wollte da widersprechen? Was der Meister unter einer Bühne verstand, wissen Kinogänger seit Filmen wie „Shakespeare in Love"

oder „Anonymous": Ein mehrstöckiges, rundes Holzgebäude mit Strohdach und offenem Innenhof. Das erste Globe Theater wurde 1599 erbaut und brannte 1613 ab, nachdem es bei einer Aufführung von Henry VIII ein kleines Malheur mit einer abgefeuerten Kanone gab. Ein Neubau wurde im darauffolgenden Jahr eingeweiht, aber 1642 von den Puritanern dichtgemacht. Der amerikanische Filmemacher Sam Wanamaker begann 1970 für ein neues Theater zu werben und nach viel Hin und Her wurde „Shakespeare's Globe Theatre" 1997 eröffnet, nur ein paar Hundert Meter vom ursprünglichen Standort entfernt. Das Design basiert auf den Plänen von 1614, mit kleinen Zugeständnissen an moderne feuerpolizeiliche Bestimmungen: das Strohdach (das erste in London seit 1666)

Globe Theatre

Globe Theatre

wurde mit Sprinkleranlagen versehen, Treppen und Gänge wurden verbreitert, und statt 3.000 Zuschauern passen jetzt „nur" noch 1.500 ins Theater. Jedes Jahr finden von April bis Oktober Aufführungen statt, zuerst nur Shakespeare, seit kurzem auch mal Stücke anderer Autoren. Ein Theaterstück im Globe zu sehen ist ein ganz besonderes Erlebnis und sollte bei keinem London-Trip fehlen. Ebenfalls sehr empfehlenswert sind die Theater-Touren: Ein enthusiastischer Guide gibt allerlei Wissenswertes und Kurioses zum Besten, während er Sie durchs Theater führt (nicht Backstage). So können Sie den Blick aus allen Stockwerken auf die Bühne genießen und in Ruhe ein paar Fotos knipsen, was während einer Vorstellung natürlich nicht gut möglich ist. Ans Theater angeschlossen und im

Tourpreis inbegriffen ist ein Museum, das auf anschauliche Weise Shakespeare, sein Leben und Werk und die Zeit, in der er lebte, beleuchtet. Die Theaterführung müssen Sie zum angegebenen Zeitpunkt antreten, das Museumsticket gilt den ganzen Tag über.

Tate Modern

🚇 **Southwark / Blackfriars**
✉ **Bankside, SE1 9TG** | www.tate.org.uk
⏱ **So–Do 10-18, Fr/Sa 10-22 Uhr** | Multimediaguide 3,50 £ | Eintritt frei

Pro: fantastischer, alter Industriekomplex; Contra: leider voll mit moderner Kunst. Als Kraftwerk war die Bankside Power Station ein Reinfall. 1952 wurde der Betrieb aufgenommen, Bauende war 1963. Bereits 1981 war wieder Schluss, die gestiegenen Ölpreise hatten das Kraftwerk unrentabel gemacht. Einige Jahre lang sah es aus, als würde das Gebäude wieder abgerissen werden, bis 1994 die Tate Gallery ankündigte, das alte Kraftwerk als Standort nutzen zu wollen. 2000 wurde das neue Museum eröffnet und war von Anfang an ein Besuchermagnet. Aus den zunächst erwarteten 1,5 Mio. Besuchern pro Jahr sind mittlerweile 5 Mio. geworden, zeitweise steht man sich beinahe auf den Füßen. Ein Anbau würde die Ausstellungsfläche verdoppeln, da aber die Finanzierung noch nicht steht, wurde der für 2012 geplante Baubeginn auf 2016 verschoben. Ausgestellt wird Kunst von 1900 bis in die Gegenwart. Die Sammlung ist nicht chronologisch oder nach Künstlern sortiert, sondern nach übergeordneten Themenbereichen: Poetry and Dream, Energy and Process, Setting the Scene, Structure and Clarity. Häufig wechselnde temporäre Ausstellungen widmen sich einzelnen Künstlern (Damien Hirst, Edward Munch, Roy Lichtenstein, Paul Klee) oder Kunstrichtungen (Painting after Performance Art) und kosten Eintritt. Ganz gleich, was man von moderner Kunst hält, schon der Weg durch die gigantische Turbinenhalle ist den Besuch wert. Fünf Stockwerke hoch mit 3.400 Metern Fläche, wird sie gleichzeitig als Eingangshalle und als Ausstellungsfläche für temporäre Installationen genutzt. Wenn Sie die gesehen haben, können Sie sich den Rest des Museums eigentlich sparen. Es sei denn natürlich, Sie möchten Mondrians Linien, Rothkos Rechtecke oder

Tate Modern

Pollocks diarrhöische Farbkleckse mit eigenen Augen sehen. Denn man tau! Die preisgekrönten Multimediaguides mit Bildern, Infos und Videos sind eine wertvolle Unterstützung.

Streber, die an einem Tag gleich zwei Museen besuchen wollen, können übrigens mit dem Boot direkt von Tate zu Tate fahren (d.h. von Tate Modern zur Tate Gallery und umgekehrt). Die Boote verkehren während der Museumsöffnungszeiten alle 40 Minuten, und man ist bequemer und direkter unterwegs als mit Tube oder Bussen. Allerdings muss man extra zahlen: 5,50 £ einfach, 11 £ Retour (Travelcard 3,70 £ einfach).

Millennium Bridge

Bei ihrer Einweihung im Jahre 2000 war die Millennium Bridge Londons erste neue Themsebrücke seit 1894. Da hätte man schon erwartet, dass sie länger als nur zwei Tage geöffnet sein würde. Was war passiert? Besorgte Brückennutzer hatten sich über ausgeprägte Schwingungen (the „wobble") beschwert. Ingenieure bauten Stabilisatoren ein, jetzt gibt es kein wobble mehr, nur noch ein leichtes Vibrieren. Schade eigentlich.

Die elegante Brücke ist der malerischste Weg, um den Fluss zu überqueren. Von der Tate aus läuft man in gerader Linie auf die imposante Fassade der St Paul's Cathedral zu.

Millennium Bridge

National Theatre

🚇 **Embankment / Waterloo**
✉ **Southbank, SE1 9PX**
www.nationaltheatre.org.uk | ⏰ **Mo-Sa 09:30-23, So 12-18 Uhr** | Eintritt frei

Um Missverständnisse gleich zu vermeiden: Für Theatervorstellungen müssen Sie selbstverständlich zahlen, aber der Eintritt ins Gebäude ist frei. Hier sind wechselnde Fotografie- und Gemälde-Ausstellungen zu sehen. In der Olivier Circle Gallery erfahren Sie alles über die Geschichte des National Theatre von 1848 bis heute. Auf der kleinen Bühne im Foyer wird täglich Livemusik geboten (um 17:45, Sa/So auch 13 Uhr), in der Regel Folk/Jazz/ Singer-Songwriter in kleiner Besetzung. Nichts, wofür man extra einen Termin einplanen müsste, aber reizvoll genug, um sich vor einem Theaterbesuch die Zeit zu vertreiben.

Das 1976 fertiggestellte Gebäude gilt als Paradebeispiel des architektonischen Brutalismus und wurde bei einer Umfrage von den Londonern sowohl in die Top Ten der beliebtesten wie auch der unbeliebtesten Gebäude in London gewählt. Über Geschmack lässt sich ja bekanntlich nicht streiten. Was außer Frage steht, ist die hohe Funktionalität und das klug durchdachte Innendesign des Gebäudes. Für einen faszinierenden Blick hinter die Kulissen möchten wir eine Backstage Tour wärmstens empfehlen. Sie erfahren mehr über die komplexe Bühnentechnik, die Herstellung von Kulissen und Requisiten, und natürlich jede Menge Geschichten und Anekdoten vom Theater. Die Touren dauern ca. 75 min und kosten 8,50 £. Die genauen Startzeiten finden Sie auf der Website unter „Plan your Visit".

London Eye

Westminster / Waterloo
Riverside Building, Country Hall, Westminster Bridge Road, SE1 7PB
www.londoneye.com | Mo-So 10-21 (Apr-Sep), 10-20:30 (Okt-Mar)
Eintritt 17-45 £

Mit 135 m Höhe ist das London Eye das größte Riesenrad Europas, und mit gut 4 Mio. Besuchern jährlich die populärste Eintritt verlangende Touristenattraktion Großbritanniens. Anno 2000 anlässlich der Millenniumsfeierlichkeiten eröffnet, wurde das London Eye schnell zu einem der Wahrzeichen Londons. Das Rad rotiert mit nicht ganz 1 km/h, eine Umdrehung dauert ca. 30 min. Die verbringen Sie in einer klima-

National Theatre

London Eye

tisierten Kabine, die bis zu 25 Personen fasst. Die Kabinen sind außen am Rad angebracht, um möglichst freie Sicht zu garantieren. Man hat einen ganz netten Blick auf Westminster Palace und Big Ben, auf Horse Guard Palace und im Hintergrund Buckingham Palace, aber ob sich dafür Eintrittspreis und Schlangestehen lohnt, möchte ich anzweifeln. Apropos Eintrittspreis: Es gibt eine ermüdende Vielzahl von Möglichkeiten und was Sie letztendlich zahlen, hängt davon ab, ob Sie zu einer festen Uhrzeit fahren oder flexibel sein wollen, ob Sie in der ganz langen Schlange anstehen wollen oder in der etwas kürzeren, ob Sie zusätzlich Wein, Champagner oder Tee trinken wollen und so weiter

und so fort. Ganz zu schweigen von den Kombitickets, die auch für das London Aquarium, Madame Tussauds oder den London Dungeon gültig sind. Online-Buchungen sind auf jeden Fall günstiger, aber wenn Sie einen Regentag erwischen, wird das kein Trost sein. Ach ja, ein Filmchen gibt es auch noch. Nahe des London Eye wartet die 4D-Experience auf Sie (Eintritt inkl.). 3D war gestern, 4D ist… auch nur 3D mit simuliertem Wind und Nebel als Bonus. Vielleicht heißt es ja 4D, weil der Film bloß 4 min lang ist, wer weiß? Egal, Sie haben dafür gezahlt, schauen Sie sich's an. Die „Story" ist hanebüchen, die London-Aufnahmen sind nett.

SEA LIFE London Aquarium

🚇 Westminster / Waterloo

✉ Riverside Building, Country Hall, Westminster Bridge Road, SE1 7PB

www.visitsealife.com | ⏱ Mo-Do 10-18, Fr-So 10-19 Uhr | Eintritt ab 18,63 (online), 20,70 £ (Kasse)

Großes Spektakel für kleine Kinder. Wer schon mal irgendwo auf der Welt ein SEA LIFE Aquarium besucht hat, weiß, was ihn hier erwartet: Haie, Riesenschildkröten, Pinguine – die Superstars der Meeresbewohner. Die Fischbecken sind wie immer faszinierend, der obligatorische Spaziergang durch den Unterwassertunnel stets großartig.

Online-Bucher sparen Geld. Das „After 3pm Ticket" (Eintritt erst ab 15 Uhr) kostet 15,53 £ statt 20,70 £. Online-Bucher sparen auch Zeit, denn die Schlangen vor den Kassen sind immens. Was das für drinnen bedeutet, können Sie sich ausmalen. Wenn man sich kaum ein Aquarium in Ruhe ansehen kann, weil von hinten schon wieder die nächste Reisegruppe oder Schulklasse drängelt, trübt das den Spaß.

Die Behind-the-Scenes-Tour kostet leider extra (7,50 £/5 £ online), bietet aber interessante Einblicke in den ____b eines solchen Aquariums, z.B. ____ - und Brutprogramme.

The London Dungeon

🚇 Waterloo | ✉ County Hall, Westminster Bridge Road, SE1 7PB

www.thedungeons.com

⏱ Mo-So ca. 10-17 Uhr (siehe Website)

Eintritt 24,60 £ (online 23,70 £)

Tausende Teenager können nicht irren, oder? Anscheinend darf der London Dungeon auf keiner Klassenfahrt fehlen, der Altersdurchschnitt in der langen Schlange vorm Eingang dürfte nicht höher als 16-17 sein. Auch nach dem Umzug von der London Bridge Richtung

London Eye werden „historische" Ereignisse verwurstet, die Pest, die Feuersbrunst von 1666, Sweeney Todd und Jack The Ripper und vieles mehr. Auch hier gibt es eine Mixtur aus Schauspielern, Puppen, Videos, Lichteffekten etc. Wenn Sie auf Jahrmärkten immer zuerst zur Geisterbahn rennen, dann buchen Sie geschwind Ihr Dungeon-Ticket. Für alle anderen gilt: Bitte gehen Sie weiter, es gibt nichts zu sehen.

Imperial War Museum

🚇 **Lambeth North** | ✉ **Lambeth Road, SE1 6HZ** | www.iwm.org.uk
🕐 **Mo-So 10-18 Uhr** | Eintritt frei

Entgegen vorheriger Befürchtungen ist das IWM keine Pilgerstätte für Freizeitrambos oder senile Armeeoffiziere, die dem Verlust der Kolonien nachtrauern, sondern es beleuchtet die Geschichte bewaffneter Konflikte im 20. Jh. und deren Auswirkungen auf Individuum und Gesellschaft sensibel und mit Augenmaß. Ob Grabenkrieg im 1. Weltkrieg oder Geiselrettung im Iran, die Galerien sind interessant und informativ. Die Holocaust-Ausstellung ist bewegend, die London Blitz Experience beeindruckend. Zwar gibt es immer noch mehr Texttafeln als interaktive Displays, aber das macht den Besuch nicht weniger lohnenswert. Untergebracht ist das Museum im ehemaligen Bethlem Royal Hospital, früher eine Irrenanstalt – Ironie der Geschichte?

Imperial War Museum

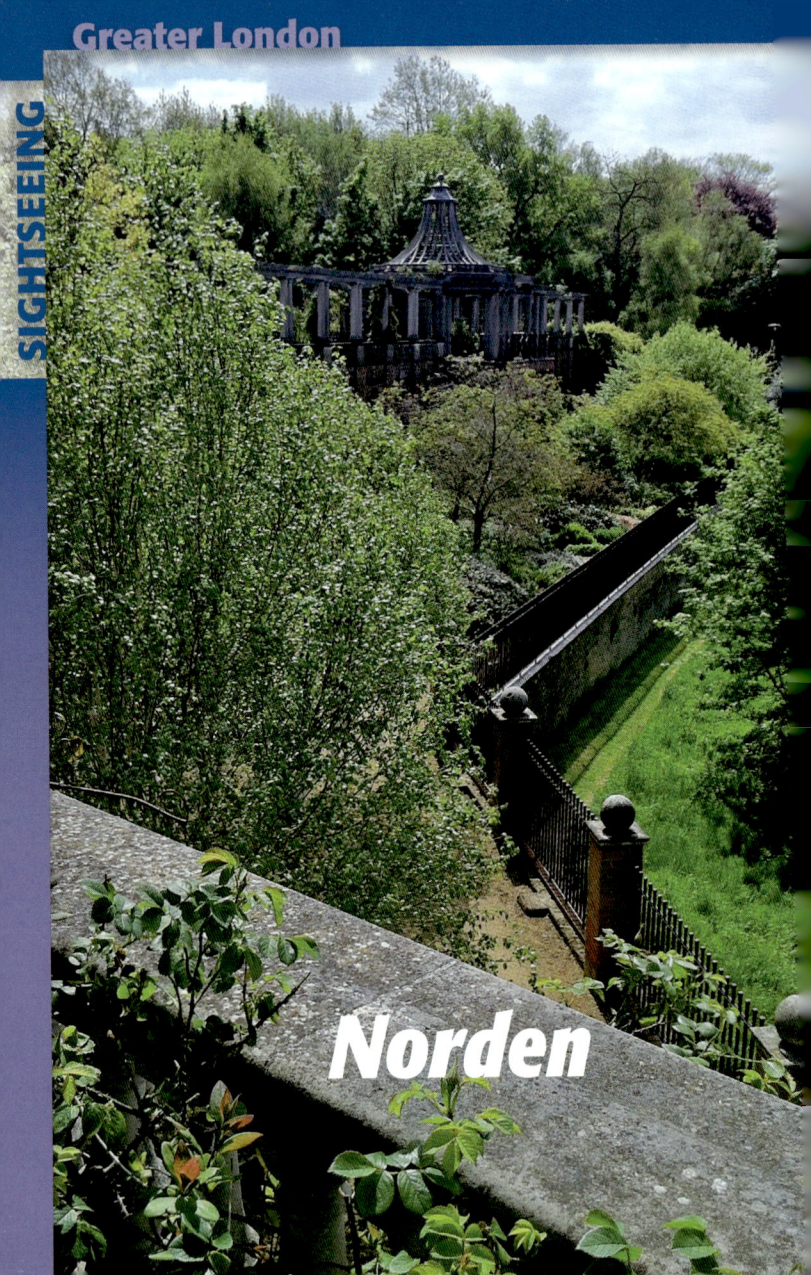

Norden

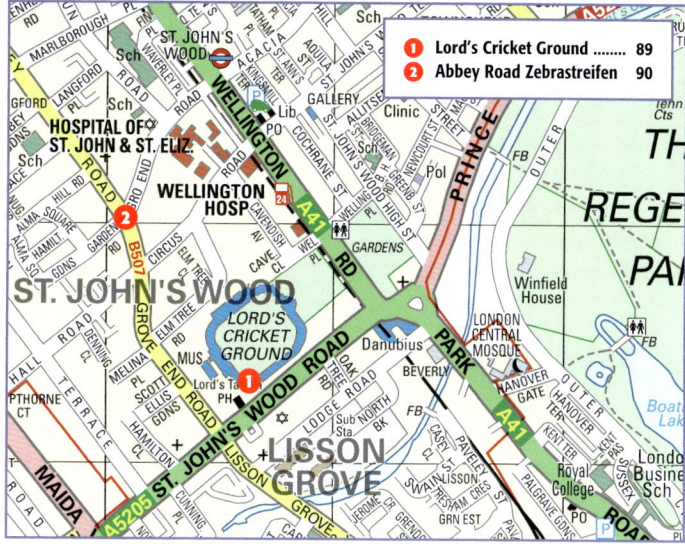

❶	Lord's Cricket Ground	89
❷	Abbey Road Zebrastreifen	90

Norden

Wiesen, Wälder und grüne Hügel. Highgate und Hampstead sind die Stadtteile mit der größten Promidichte in London. Stars wissen die ländliche Atmosphäre zu schätzen. Manche bleiben sogar für immer. Man kann sie auf dem Highgate Cemetery besuchen…

Lord's Cricket Ground

🚇 St John's Wood | ✉ St John's Wood Road, NW8 8QN | www.lords.org

🕐 Mo-So 10-15 Uhr | Eintritt 15 £

Die Begeisterung der Engländer für Cricket ist mir ebenso ein Rätsel geblieben wie das Spiel und seine Regeln selbst. Nichtsdestotrotz ist ein Besuch bei Lord's – „the Home of Cricket" – immer ein Erlebnis. Auf einer geführten Tour sehen Sie die Zuschauerränge, das futuristische Media Centre, die Umkleideräume, das Cricket-Museum und enden (natürlich) im Shop. Alles ganz nett, aber wenn Sie wirklich Spaß

Lord's Cricket Ground

haben wollen, dann besuchen Sie Lord's während eines Spiels. Termine finden Sie auf der Website, Tickets können Sie in der Regel auf dem Weg von der U-Bahn-Station bis zum Stadion schwarz kaufen. Händler gibt es genug, die Preise halten sich in Grenzen.

Abbey Road Studios & Zebrastreifen

🚇 St John's Wood
✉ 3 Abbey Road, NW8 9AY

„Paul is dead!" konstatierten konsternierte Beatles-Fans als sie des barfüßigen McCartney auf dem Abbey-Road-Albumcover gewahr wurden. Das berühmte Foto, auf dem die Beatles im Gänsemarsch den Zebrastreifen überqueren, ist direkt vorm Tonstudio entstanden und lockt heute noch Touristen an, die versuchen es nachzustellen ohne dabei überfahren zu werden. An den Mauern und auf Straßenschildern haben Abertausende Fans eine Widmung hinterlassen. Die Studios selbst sind für Besucher nicht zugänglich.

In Anlehnung an die Fab Four haben übrigens auch die Red Hot Chili Peppers mal auf dem Zebrastreifen ein Plattencover aufgenommen, allerdings etwas spärlicher bekleidet. Chili-Fans, die ihren Idolen nacheifern und nur mit einer Socke überm Gemächt die Straße überqueren, sind jedoch selten anzutreffen. Bei den Londoner Temperaturen sind ja auch statt Kniestrümpfen eher Babysöckchen angesagt…

Abbey Road

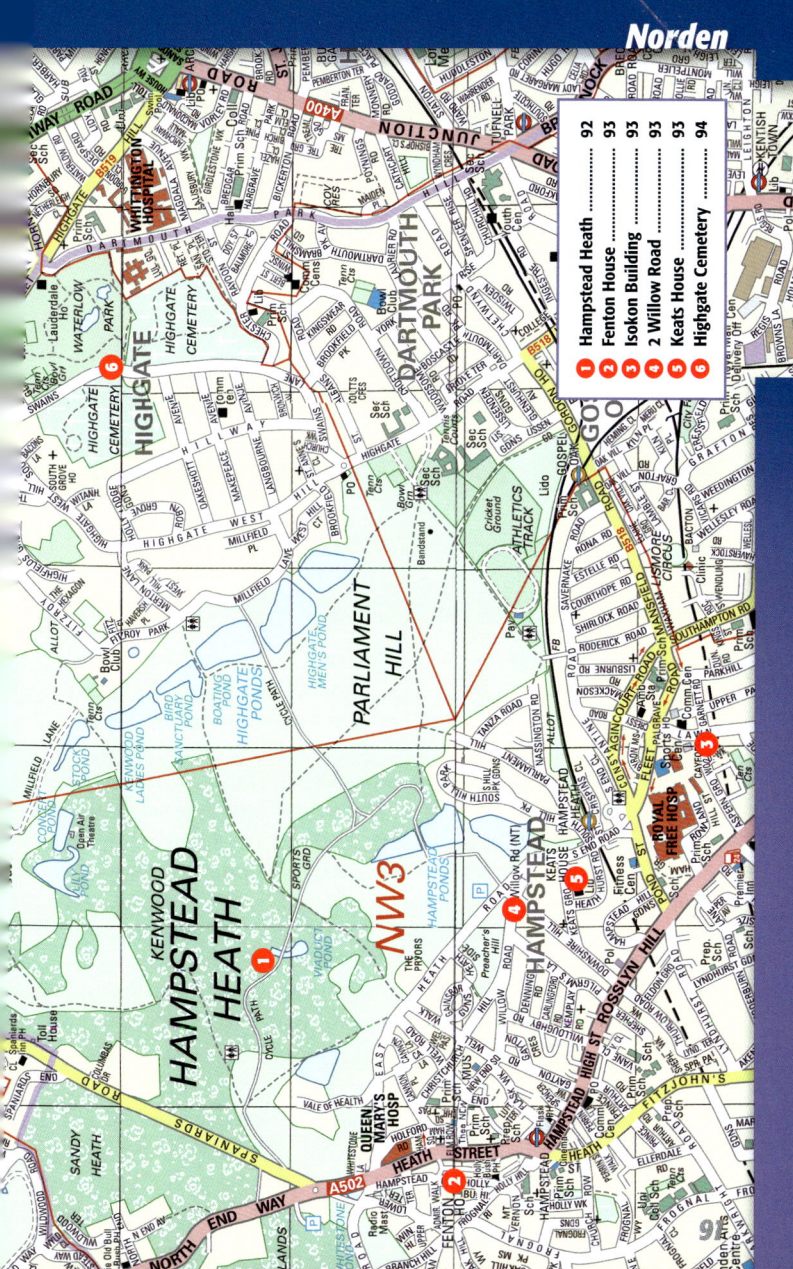

Parliament Hill

Hampstead Heath

 **Hampstead**

„The Heath" ist 320 Hektar grüne Hügellandschaft mit Wasser, Wäldern und Wiesen. Der beliebteste Teil des Parks ist **Parliament Hill,** der mit seiner luftigen Höhe von 98 m einen Panoramablick über London bietet. In den **Hampstead** und **Highgate Ponds** (Teichen) ist Schwimmen erlaubt. Hier entspringt übrigens der Fleet, größter unterirdischer Fluss der Stadt, der Londons Zeitungsmeile Fleet Street ihren Namen gab. West Heath ist ein bekanntes Cruising-Areal, das auch George Michael gerne frequentierte. Hier ganz in der Nähe wurde er 2008 wegen Drogenbesitzes verhaftet. Ebenfalls in West Heath finden Sie einen der schönsten Flecken Londons: **Hampstead Pergola** ist eine Art großer, überdachter Laubengang, Anfang des 20. Jh. von Lord Leverhulme für ausschweifende Gartenpartys erbaut. Nach dessen Tod verfiel das Ensemble und hat heute mit seinen moosbewachsenen Mauern und blumenumrankten Säulen einen verwunschenen, fast märchenhaften Charme. Im Norden des Parks wird **Kenwood House** bis Herbst 2013 renoviert. Die Gärten und das Café sind aber geöffnet. Sie kennen Kenwood House womöglich aus „Notting Hill", denn hier wurde der Film im Film gedreht.

Hampstead

 Hampstead / Gospel Oak

Hampstead mag ein Teil von London sein, aber es hat sich eine fast dörfliche Atmosphäre bewahrt. Ein Spaziergang führt vorbei am **Fenton House** (6,50 £, www.nationaltrust. org.uk/fenton-house/) aus dem 17. Jh. mit seinem wunderschönen Garten. Das **Isokon Building** und **2 Willow Road** sind Beispiele für die Moderne in der Architektur. Im Isokon Building, einem Wohnblock aus den Dreißigern, residierten einst Promis wie Walter Gropius oder Agatha Christie. In einer kleinen Galerie sind Reproduktionen der alten Wohneinrichtungen zu sehen.

1-3 Willow Road

2 Willow Road gehört zu einem Komplex von drei Häusern, die der Architekt Ernö Goldfinger 1938 bauen ließ. Er selbst wohnte in Nummer 2, wo er auch einen Großteil der Einrichtung designte. Das Haus, das eine Kunstsammlung mit Werken von u.a. Max Ernst oder Henry Moore beherbergt, kann besichtigt werden. Angeblich hat Ian Fleming, der in der Nähe wohnte, sich beim Namen seines berühmten Bond-Bösewichts von Goldfinger inspirieren lassen. In **Keats House** (5 £, www. facebook.com/keatshousemuseum) lebte und liebte der berühmte Dichter von 1818 bis 1820. Das Haus dient als Museum, Bücher und Briefe von Keats werden ausgestellt. Der dazugehörige Garten ist kostenlos und ein beliebter Treffpunkt.

Keats House

Marx

Highgate Cemetery

🚇 Archway | ✉ Swains Lane, N6 6PJ
www.highgate-cemetery.org | ⏰ Mo-Fr
10-17, Sa/So 11-17 Uhr (East) | Eintritt 7 £
(West Cemetery) / 3 £ (East Cemetery)

Von der U-Bahn-Station Archway geht es zum Friedhof zunächst nach links hügelaufwärts. Fahren Sie zwei Stationen mit dem Bus (210, 143, 271) zur Haltestelle Waterlow Park. Sie können die Strecke natürlich auch laufen, so wie ich, und schwitzend den Hügel hochstapfen, während ein Bus nach dem anderen an Ihnen vorbeibrummt. Ganz wie Sie wollen. Auf dem Hügel angekommen gehen Sie nach links und durchqueren den Waterlow Park, bis Sie auf die Swains Lane stoßen. Dann wieder links halten und nach ein paar Metern kommen Sie zum Friedhofseingang.

In der ersten Hälfte des 19. Jh. verdoppelte sich die Einwohnerzahl Londons und die kleinen, innerstädtischen Kirchfriedhöfe boten längst nicht mehr genug Platz für neue Gräber. 1832 beschloss das Parlament, den Bau von privat geführten Friedhöfen in der Peripherie zu ermöglichen. Highgate Cemetery, der bekannteste und „schönste", wurde 1839 eröffnet.

Der Friedhof wird durch die Swains Lane in zwei Hälften geteilt. Die Osthälfte ist täglich geöffnet, Besucher dürfen auf eigene Faust kommen und gehen. Am Kassenhäuschen hängt ein Plan mit den berühmtesten Gräbern aus, z.B. Douglas Adams, George Eliot oder Malcolm McLaren. Und natürlich Karl Marx, der seine letzten 10 Lebensjahre in London verbrachte und hier friedlich zwischen Gattin Jenny und Geliebter Lenchen ruht.

Der protzige Grabstein mit dem überdimensionierten Kopf war übrigens nicht Marx' Idee, sondern 1954 ein „Geschenk" der Kommunistischen Partei Großbritanniens, die somit einmal mehr unter Beweis stellte, dass

Kunst und Kommunismus nicht gut zusammengehen.

Der Westteil des Highgate Cemetery hat zwar nicht die Promidichte des Ostteils, ist aber sehr viel malerischer. Besuche sind nur im Rahmen einer geführten Tour möglich, unter der Woche nach Voranmeldung. Samstags finden Touren zwischen 11 und 16 Uhr mindestens stündlich statt, bei großem Andrang auch häufiger. Voranmeldung ist dann nicht nötig. Die Guides wissen eine Menge über die Friedhofsgeschichte, die viktorianische Gesellschaft und vieles mehr zu erzählen, während Sie vorbei an moosbewachsenen Grabsteinen, efeuumrankten Statuen und halbzerfallenen Mausoleen flanieren. Mal wähnt man sich in einem düsteren Märchen, mal erwartet man, Indiana Jones oder Lara Croft aus dem Unterholz hechten zu sehen.

Highgate Cemetery

Osten

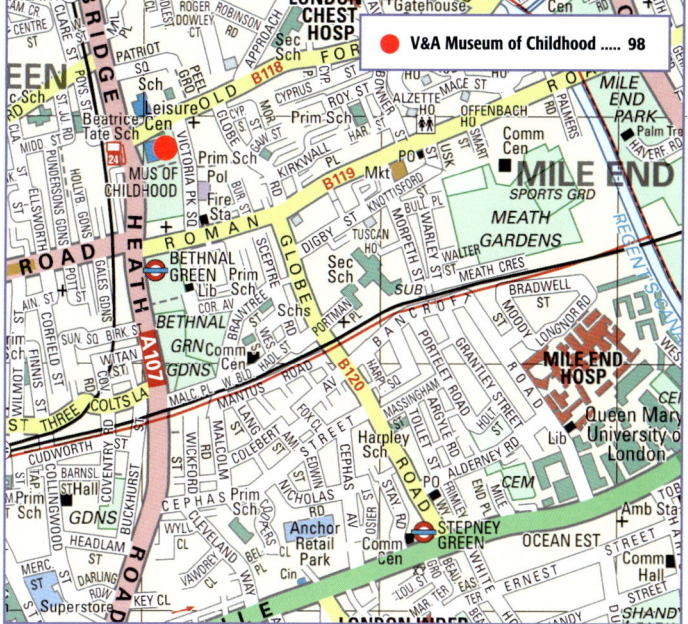

V&A Museum of Childhood 98

Osten

Bis vor kurzem wagten sich Touristen nur in Londons Osten, wenn sie sich in Whitechapel auf Jack the Rippers Spuren gruseln wollten. Das East End war der marode Gegenentwurf zum Glitzer des West Ends, einige Bezirke zählten zu den ärmsten des ganzen Landes. In den letzten Jahren ist der Osten wieder näher an die Stadt herangerückt. Künstler und Musiker entdeckten das East End für sich und lockten junges, hippes Publikum an. Wo früher die industrielle Revolution vorangetrieben wurde, gibt es heute wenig klassische Sehenswürdigkeiten, aber die Möglichkeit, London von seiner ungeschminkten Seite zu erleben.

V&A Museum of Childhood

🚇 **Bethnal Green**
✉ **Cambridge Heath Road, E2 9PA**
www.museumofchildhood.org.uk
🕐 **Mo-So 10-17:45 Uhr** | Eintritt frei

Die Dependance des V&A in South Kensington widmet sich ganz und gar Kinderspielzeug: Puppenhäuser, Kostüme, Schaukelpferde und vieles mehr werden in einem im Rundbogenstil erbauten Backsteingebäude aus dem 19. Jh. ausgestellt. Nicht unbedingt ein Museum, in dem man den ganzen Tag zubringen muss, aber es macht Spaß, mal durch zu schlendern. Und der Besuch lohnt sich schon für den Blick in den großen, langgezogenen Ausstellungssaal mit seinen zwei Emporen links und rechts. Einen feinen Sneak Preview finden Sie, wenn Sie auf der Website erst „Visit us" und dann „Virtual Tour" anklicken.

Olympia-Park

🚇 **Stratford** | 🚈 **Stratford / Pudding Mill Lane** | ✉ **Marshgate Lane, Stratford**

Der Olympia-Park wird auch die nächsten Jahre noch eine Baustelle bleiben. Nach den Olympischen Spielen wurde das Gelände zum größten Stadtentwicklungsprojekt Londons seit den Docklands. Tausende von neuen Wohnungen sollen entstehen, ein Park,

ein Museum, eine Universität und so weiter und so fort. Man darf gespannt sein, wie das später einmal aussehen wird und ob alle Pläne tatsächlich umgesetzt werden. Über die spätere Nutzung des Olympiastadions zum Beispiel wurde vor Gericht entschieden, da sich potentielle Interessenten partout nicht einigen konnten. Fest steht, dass Olympia 2012 einer heruntergekommenen Industriebrache neues Leben eingehaucht hat und Londons Osten ein bisschen mehr boomt als vorher. Wer daran zweifelt, braucht nur mal durch „Westfield Stratford City" zu schlendern, Londons neuste und größte Shopping Mall direkt an der U-Bahn-/DLR-Station.

ArcelorMittal Orbit

Zugang zum Park ist derzeit nur über die Park-in-Progress-Tour möglich (www.noordinarypark.co.uk, 7 £), eine „Backstage-Tour", die den Aufstieg zum ArcelorMittal Orbit beinhaltet, der 115 m hohen, gewundenen Stahlkonstruktion mit Aussichtsplattform, die zum Wahrzeichen des Parks werden soll. Startpunkt ist das Park Office nahe der DLR-Station Pudding Mill Lane.

Für einen Panorama-Spaziergang auf eigene Faust steigen Sie an der DLR-/U-Bahn-Station West Ham aus und folgen den Schildern Richtung Olympia-Park. Auf dem „Greenway" – einem ehemaligen Abwasserkanal, der abgedichtet, begrünt und zu einem Rad- und Spazierweg umgebaut wurde – nähern Sie sich dem Park von Südosten und sehen dabei die alten Industriegebiete von Stratford und Newham in verschiedenen Stadien zwischen Verfall und Wiederaufbau.

Wenn Sie auf der gleichen Route zielgerichtet die interessantesten Sehenswürdigkeiten erleben wollen, dann nehmen Sie am Olympic Walk teil (www.walks.com, 9 £/2h). Die Guides sind ausgesprochen kompetent und wissen anscheinend ALLES über den Park, den Stadtteil, die Geschichte.

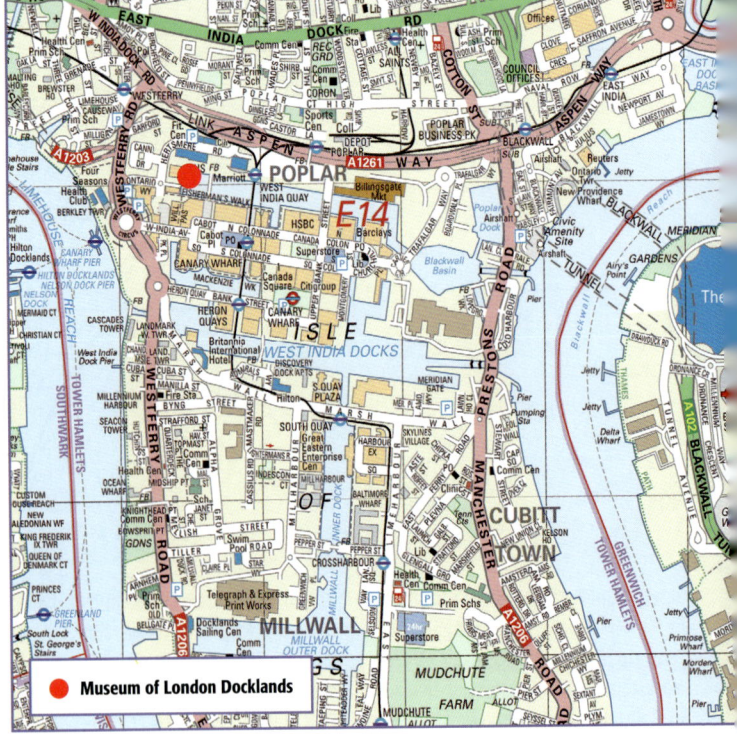

● Museum of London Docklands

Docklands

 / **Canary Wharf**

In der Blütezeit des Britischen Empires wurden in den Docks Waren und Güter von mehr als 10.000 Schiffen jährlich verladen. In den 1960er Jahren verlor die Themse als Transportweg zunehmend an Bedeutung, da die neuen Containerschiffe zu viel Tiefgang hatten. Bis 1980 war das letzte Dock geschlossen. Eine Fläche von 21km² lag brach. Pläne für eine Revitalisierung der Gegend wurden schnell entwickelt, aber bis zu deren Umsetzung sollten noch viele Jahre vergehen.

Die Gegend um Canary Wharf ist heute ein modernes Büroviertel, das als Finanz- und Wirtschaftszentrum Londons City Konkurrenz macht. Dank Hochhäusern wie 1 Canada Square hat London hier eine echte Skyline (auf die man den schönsten Blick entweder vom Boot oder vom Greenwich Park aus hat). Ein Spaziergang durchs Viertel ist gerade sonntags besonders reizvoll, wenn Straßen und Plätze fast leer sind und die Gegend regelrecht futuristisch wirkt. Moderne Hochhäuser, elegante Parks, die Trassen der DLR und zwischendrin immer wieder Reminiszenzen der glorreichen Vergangenheit: alte Lagerhäuser, die zu Apartmentkomplexen umgebaut wurden, ein alter Verladekran als Denkmal, Brücken, viel Wasser.

Canary Wharf

Museum of London Docklands

 Canary Wharf | **Canary Wharf / West India Quay** | ✉ **West India Quay, E14 4AL** | www.museumoflondon.org.uk/ docklands | ⏱ **Mo–So 10–18 Uhr**

Eintritt frei

Passenderweise in einem Lagerhaus aus dem 19. Jh. untergebracht, widmet sich das Museum ganz der Geschichte der Londoner Docks und der Themseschifffahrt von der Römerzeit bis mehr oder weniger heute. Übersichtlich, informativ, kurzweilig. Da frühere Experimente mit Eintrittspreisen aufgegeben wurden und man jetzt kostenlos reinkommt, sollte jeder, der sich ein klein wenig für Stadtgeschichte interessiert, einen Besuch einplanen.

SIGHTSEEING

Süd-
westen

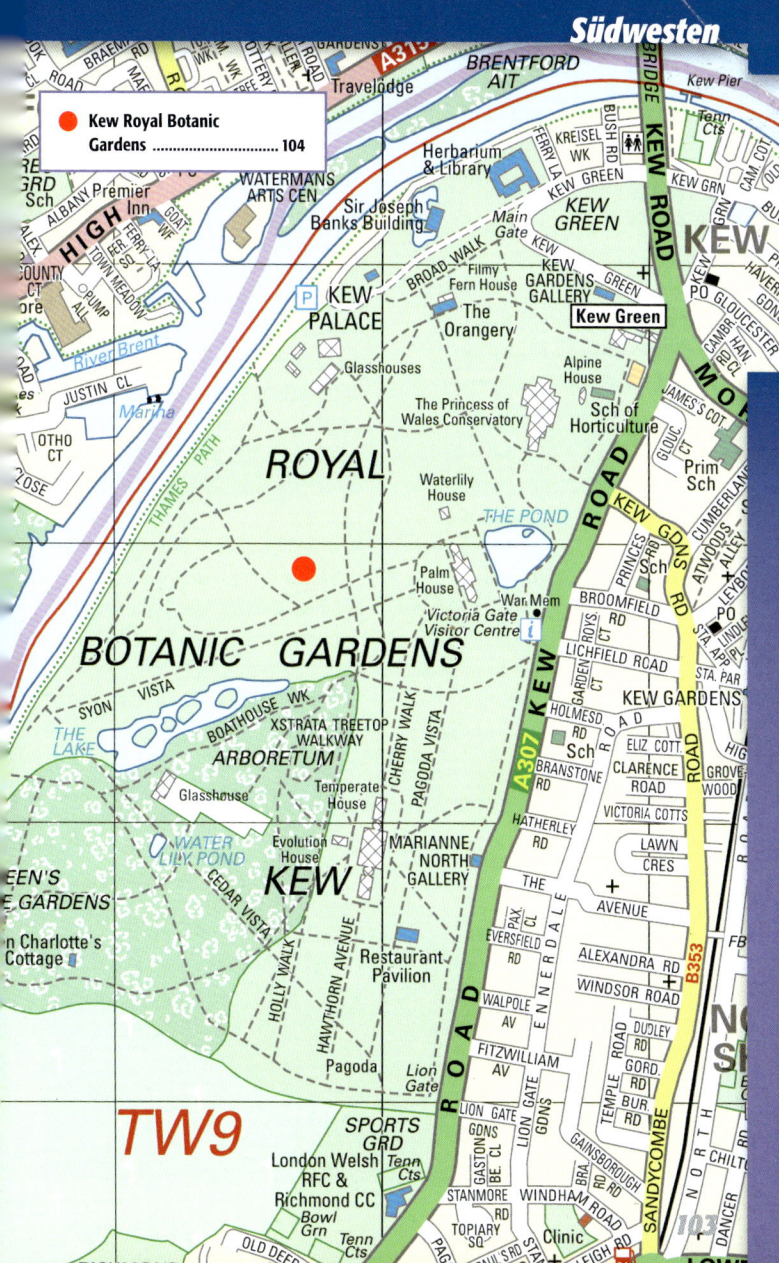

Südwesten

Kew Royal Botanic Gardens

🚇 **Kew Gardens (Zone 3)**
✉ **Kew Road, TW9 3AB** | www.kew.org
🕐 **Mo-So 09:30-18 (Sep/Okt), 09:30-16:15 (Nov-Jan), 09:30-17:30 (Feb-Mar), Mo-Fr 09:30-18:30, Sa/So 09:30-19:30 (Apr-Aug)**

Eintritt 16 £

Man muss kein Botaniker sein, um sich hier wohlzufühlen. Entdecken Sie viktorianische Gewächshäuser, durchwandern Sie zehn Klimazonen, sitzen Sie unter Palmen, schauen Sie Bonsais beim Wachsen zu, oder spazieren Sie einfach durch die Vielfalt dieser großen grünen Oase. Klingt nicht aufregend genug? Dann erklimmen Sie luftige Höhen auf dem „Rhizotron and Xstrata Treetop Walkway": In 18 m Höhe führt der Weg an Baumkronen vorbei. Für 4 £ extra dürfen Sie den **Kew Explorer** nutzen, einen gasbetriebenen Kleinbus. Auf der ca. 40-minütigen Fahrt durch die Anlage erzählt der Fahrer allerlei Wissenswertes über Flora, Fauna und Geschichte. Die Tickets gelten für den ganzen Tag, Sie können an jeder der sieben Haltestationen aus- oder zusteigen.

Kew Palace (6 £) ist der kleinste der Londoner Königspaläste. Königin Elizabeth II feierte hier 2006 ihren 80. Geburtstag. Man kann ein paar Räume besichtigen, ein paar Möbel betrachten, aber – ganz ehrlich – man kann's auch lassen.

Kew Gardens

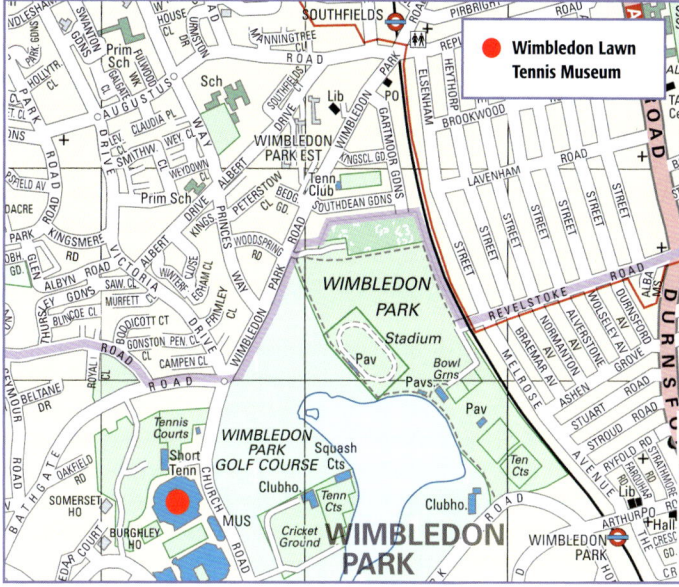

Wimbledon Lawn Tennis Museum

Wimbledon Lawn Tennis Museum & Tour

🚇 Southfields (Zone 3), Bus 493

✉ Church Road, SW19 5AE

www.wimbledon.com | ⏱ Mo-So 10-17 Uhr

(letzte Tour 15:30 Uhr) | Eintritt 20 £

Ältere Leser können sich womöglich noch an die Zeiten erinnern, als sich tatsächlich jemand für Tennis interessierte. Als Boris Becker hechtete, Monica Seles stöhnte, John McEnroe schimpfte. Das Wimbledon Museum bietet einen Streifzug durch die Geschichte des Tennis, von den französischen Anfängen bis zum globalen Massensport. Aber natürlich kommt keiner wegen des Museums hierher, sondern wegen der geführten Touren. Knapp 90 min lang kann man hinter die Kulissen blicken, bevor der Centre Court als Höhepunkt erreicht ist. Seit vor ein paar Jahren renoviert wurde, sind die Sitze tatsächlich bequem genug, um ein Fünf-Satz-Match zu überstehen, ohne dass der Hintern einschläft. Nach meinem Besuch war ich so begeistert, dass ich gleich anschließend an der Ticket-Lotterie fürs nächste Turnier teilnahm, aber ich habe natürlich mal wieder nicht gewonnen.

Wimbledon

Fahren Sie mit der District Line zur Southfields Station. Von dort aus können Sie, wenn Sie wollen, laufen. Etwa 1,2 km immer geradeaus auf der Wimbledon Park Road, die nach halber Strecke zur Church Road wird. Oder Sie nehmen die Buslinie 493, die Sie direkt von der U-Bahn zur Tennisanlage bringt. Busse fahren alle 10–15 min. Bitte beachten Sie, dass die letzte geführte Tour bereits um 15:30 Uhr startet, und planen Sie ausreichend Zeit ein.

Hampton Court Palace

✉ **East Molesey, Surrey, KT8 9AU**
Hampton Court Train Station (Zone 6)
www.hrp.org.uk/HamptonCourtPalace
⏱ **Mo–So 10–18 (Apr–Okt), 10–16:30 Uhr (Nov–Mar)** | Eintritt 16,95 £ **(Audioguide inkl.)**

Londons Versailles! Und tatsächlich war das französische Königsschloss Vorbild für die letzte große Umbauphase in Hampton Court, denn im 17. Jh. kam

kein Blaublüter, der etwas auf sich hielt, an Versailles vorbei. Ursprünglich war Hampton Court ein Tudor-Palast, erbaut von Kardinal Wolsey, dem Lordkanzler von Henry VIII. Henry übernahm den Palast 1528, nachdem Wolsey in Ungnade gefallen war, und ließ umfangreiche Umbau- und Vergrößerungsmaßnahmen vornehmen. Für etwa 200 Jahre nutzen englische Monarchen Hampton Court Palace, hier wurden Könige geboren (Edward VI), gefangen gehalten (Charles I), oder

„I'm Henry the Eighth, I am."

fielen vom Pferd (Willam III).
Ein Audioguide ist im Eintrittspreis inbegriffen, aber wenn Sie sich einen besonderen Spaß gönnen wollen, dann nehmen Sie an einer geführten Tour teil. Die kostet ebenfalls nichts und wird von kostümierten Guides bestritten. Es mag kitschig sein, aber es hat was für sich, von Henry VIII persönlich durch den Palast geführt zu werden. Ob imposante Great Hall, prunkvolle

Chapel Royal, weitläufige Tudor-Küchen – es gibt eine Menge zu sehen. In den ausgedehnten Parkanlagen warten geometrisch angelegte Gärten, Brunnen, Teiche, Tiere, und das berühmte Heckenlabyrinth.
Hampton Court liegt knapp 20 km von London entfernt am Themseufer. Mit der Bahn ist man vom Waterloo-Bahnhof in einer halben Stunde da (www.nationalrail.co.uk).

Hampton Court Palace

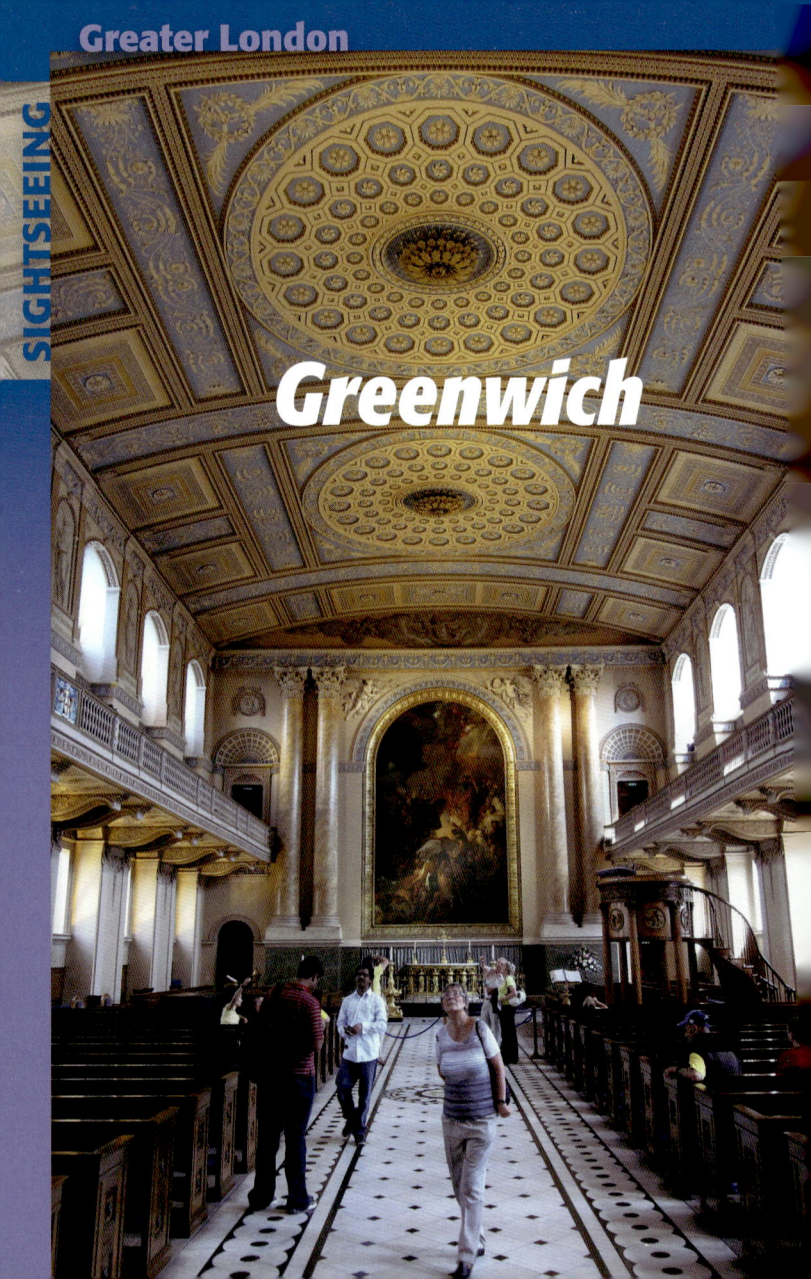

Greenwich

Greenwich

 Cutty Sark

Das kleine Schmuckkästchen am Themseufer ist zwar streng-genommen „nur" ein weiterer Stadtteil von London, aber Greenwich (gespr. „Grennitsch") war bis 1900 selbständig und hat sich viel Eigenständigkeit bewahrt. Die UNESCO hat „Maritime Greenwich" 1997 zum Weltkulturerbe erklärt: vom Old Royal Naval College am Ufer geht es vorbei an Queen's House und National Maritime Museum durch den Greenwich Park hügelaufwärts zum Royal Observatory mit dem Nullmeridian. Den schönsten Blick auf das symmetrisch angeordnete Ensemble hat man vom Boot oder von den Island Gardens auf der anderen Uferseite aus. Der quirlige Stadtkern um die St Alfege Church herum lädt zum Bummeln ein. Unzählige Pubs, Restaurants und Snackbars buhlen um Gäste, überraschend viele Läden bieten nautisches Equipment an. Klar, kein Greenwich-Trip ist komplett, ohne einen Sextanten gekauft zu haben. Oder wenigstens eine Kapitänsmütze. Viele Geschäfte wetteifern darum, das „erste der Welt" zu sein, weil sie am Nullmeridian liegen.

Der schnellste Weg nach Greenwich ist mit der Tube nach Canary Wharf, dann weiter mit DLR. Bei Sonnenschein allerdings ist eine Bootsfahrt schwer zu toppen. Vom Westminster Pier aus tuckern Sie gemächlich an den historischen Highlights Londons vorbei, an der Skyline der Docklands und, wenn Sie wollen, auf einer Extraschleife vorbei an der silbrig glänzenden Kuppel des O2 und der futuristisch wirkenden Thames Barrier, bevor Sie am Greenwich Pier anlegen.

Cutty Sark

Cutty Sark

Greenwich Foot Tunnel

An der Uferpromenade, direkt vor der Cutty Sark, steht ein kleines rundes Häuschen mit Kuppeldach. Dies ist der Eingang zu einem Fußweg unter der Themse. Über eine Wendeltreppe (oder einen Lift, wenn das Ding nicht mal wieder außer Betrieb ist) gelangen Sie in 15 m Tiefe, dann führt ein Tunnel 370 m unterm Flussbett hindurch auf die andere Uferseite, wo ein weiteres kleines Häuschen den Ausgang markiert. Der Tunnel wurde 1902 fertiggestellt und sollte Arbeitern ermöglichen, zu Docks und Werften zu gelangen, ohne den teuren und unzuverlässigen Fährservice nutzen zu müssen. In der gekachelten Gussstahlröhre ist es kühl und es riecht immer etwas modrig, aber man kommt trockenen Fußes ans Themsenordufer. Von den Island Gardens am Tunnelausgang hat man den schönsten Panoramablick auf Royal Naval College, Queen's House etc.

Cutty Sark

✉ **King William Walk, SE10 9BG**

www.rmg.co.uk/cuttysark

🕐 **Di-So 10-17 Uhr** | Eintritt 12 £

Die hohen Schiffsmasten sind das erste, das man von Greenwich sieht, wenn man aus dem DLR-Bahnhof stolpert. 1869 vom Stapel gelaufen, war die Cutty Sark einer der letzten Teeklipper, die für den englischen Seehandel gebaut wurden, und einer der schnellsten. Seit 1957 war sie in einem eigens gebauten Trockendock in Greenwich als Museumsschiff zugänglich. Am 21.05.2007 brach ein Feuer an Bord aus – vermutlich durch einen defekten Staubsauger ausgelöst – und zerstörte einen Großteil des Schiffes. Nach fast fünf Jahren und mehr als 45 Mio. Pfund Restaurierungskosten wurde das Schiff am 25. April 2012 endlich wieder für Besucher geöffnet. Die Cutty Sark wurde um 3 m angehoben, so dass man bequem um den Rumpf herum- oder sogar darunter durch gehen kann. Unterm Heck ist ein kleines Café, vorm Bug sind Gallionsfiguren ausgestellt. Im Schiffsinneren erfahren Sie auf interaktiven Bildschirmen und bei einem Kurzfilm mehr über Schiffsgeschichte und Restauration. Passen Sie auf Ihren Kopf auf, das Zwischendeck ist ganz schön niedrig! Kapitänskajüte, Offiziersmesse und ein paar andere Kabinen können

Mitteldeck

besichtigt werden. In die Masten dürfen Sie natürlich nicht klettern, aber auf Deck am Steuerrad stehen, hat auch schon was.

Ausgesprochen viel Hintergrundwissen wird eher nicht geboten. Wenn man zum Beispiel vergleicht, was die Schweden mit dem Wasa-Museum aus einem alten Schiff gemacht haben, dann ist Cutty Sark eher Magerkost. Allerdings füllt das National Maritime Museum einige Wissenslücken, und die Möglichkeit, das Schiff zu betreten und auf Deck rumzulaufen, ist ein echter Pluspunkt.

Old Royal Naval College

✉ **SE10 9NN; Mo-So 10-17 Uhr**
www.ornc.org | Eintritt frei

Greenwich war seit jeher beliebtes Refugium englischer Monarchen. Bereits seit 1447 gab es einen Königspalast, den „Palace of Placentia". Dort wurde 1491 Henry VIII geboren, ebenso seine Tochter Elizabeth I und ihre Schwester Mary. Während des Englischen Bürgerkrieges (1642-1651) verfiel der Palast, wurde als Keksfabrik und Gefangenenlager genutzt. Ende des 17. Jh. folgte der Totalabriss und Neubau als Greenwich Hospital, das wiederum 1873 zum Royal Naval College wurde. 1998 zog die Navy aus und die Universität von Greenwich ein. Besuchern steht der Campus offen, man kann über die schattigen Wege schlendern, auf den Wiesen Frisbee spielen, oder natürlich ein paar Sehenswürdigkeiten angucken. Die **Chapel** mit ihrem neoklassischen Interieur und vor allem die **Painted Hall** mit ihren imposanten Wand- und Deckengemälden lohnen einen Abstecher. Das ORNC wird übrigens gerne als Filmkulisse genutzt und die Painted Hall konnten Sie jüngst im

Painted Hall

vierten Teil von „Pirates of the Caribbe-
an" sehen. Am Collegeeingang an der
Cutty Sark gelegen, dient das **Discover
Greenwich Visitor Centre** nicht nur
als Tourist-Info, sondern beherbergt
auch noch ein Museum, das sich
Geschichte und Architektur der Stadt
widmet.

Tulip Stairs

Queen's House

✉ **Romney Road, SE10 9NF**
www.rmg.co.uk/queens-house
Eintritt frei

Englands erstes klassizistisches Gebäude wurde 1638 vollendet und diente
diversen Königinnen und Günstlingen
der Krone als Residenz. Seit 1934
gehört es zum National Maritime
Museum und wird als Galerie für Ma-
rinegemälde genutzt. Die Bilder sind
nur mäßig interessant, aber die quad-
ratische Great Hall mit ihrem schwarz-
weißen Marmorboden und die elegant
verschnörkelte Tulpentreppe („tulip
stairs") sind sehenswert.

National Maritime Museum

✉ **Romney Road, SE10 9NF**
www.rmg.co.uk/national-maritime-museum
Eintritt frei

„All I ask is a tall ship and a star to
steer her by…" Das weltgrößte See-
fahrtmuseum wurde 1937 von König
George VI eröffnet. 500 Jahre englische Seefahrtgeschichte, anschaulich
und informativ dargeboten. Von der
Handelsflotte der East India Company,
vorbei an Seeschlachten und Lord
Nelson, bis hin zu den Entdeckern wie
Cook oder Scott auf ihren Fahrten. Ein
Raum für die Titanic darf nicht fehlen,

National Maritime Museum

wenngleich man nach diversen Filmen und Dokumentationen kaum etwas Neues erfährt. Wenn Sie sich auch nur ansatzweise für Seefahrt interessieren, werden Sie hier einige Zeit verbringen wollen.

Royal Observatory

✉ **Blackheath Avenue, SE10 8XJ**
www.rmg.co.uk/royal-observatory
⏰ **Mo-So 10-17 Uhr** | Eintritt 7 £ **(Flamsteed House & Meridian Courtyard),**
6,50 £ (Planetarium Shows), Eintritt frei (Astronomy Centre)

Auf einem Hügel im Greenwich Park thront seit 1676 das Royal Observatory, das erste für Forschungszwecke errichtete Gebäude in England. Flamsteed House, so benannt nach dem ersten königlichen Hofastronom John Flamsteed, dient als Museum für Astronomie- und Navigationswerkzeuge; John Harrisons berühmter Längenchronometer H4 kann ebenso besichtigt werden wie Englands größtes Linsen-

Royal Observatory

Nullmeridian

fernrohr, außerdem sind einige Wohn- und Arbeitsräume der Hofastronomen zugänglich. Durchs Haus gelangt man auf den Meridian Courtyard, wo ein in den Boden eingelassener Metallstreifen den Nullmeridian markiert und sich täglich Tausende Touristen mit den Füßen in zwei Hemisphären fotografieren lassen. Durch die Gitterstäbe, die Schnorrer von zahlenden Besuchern trennen, hat man übrigens auch von draußen einen ausgezeichneten Blick auf Courtyard und Meridian.

Auf dem Dach des Flamsteed House wird seit 1833 täglich um 12:55 Uhr die „Zeitkugel" an einem Mast hochgezogen, bevor sie um Punkt 13 Uhr wieder herunterfällt und es so Menschen weit und breit ermöglicht, ihre Uhren nach der Greenwich Mean Time (GMT) zu stellen.

Das Astronomy Centre liegt ein paar Meter südlich von Flamsteed House, Eintritt ist frei. Geschichte und Gegenwart der Astronomie, ein womöglich 4,5 Milliarden Jahre alter Meteorit zum

Anfassen, die Entstehung des Universums vom Big Bang bis heute in vier Minuten als Videoprojektion, und vieles mehr. Im Planetarium werden einige spektakuläre Filme gezeigt, jetzt neu „Coral: Rekindling Venus", wo der Trip nicht ins Weltall geht, sondern in den Ozean. Dank der fantastischen Musik von Max Richter ein Highlight.

Vom Observatoriumshügel aus genießt man die schönste Aussicht Londons. Von der Kuppel des O2 im Osten bis zur Kuppel von St Peter im Westen, dazwischen das alte Greenwich und die moderne Skyline der Docklands. Fast wie Urlaub…

Thames Barrier Information Centre

🚇 **Pontoon Dock** | ✉ **1 Unity Way, SE18 5NJ** | www.environment-agency.gov.uk/homeandleisure/floods/38375.aspx
⏰ **Di-So 10:30-17 Uhr** | Eintritt 3,50 £

Als ich die Thames Barrier in einer Doctor-Who-Folge zum ersten Mal sah, dachte ich zuerst, es wäre ein Spezialeffekt, die fischflossengleichen Stahlgebilde sahen einfach zu unwirklich aus. Aber nein, sie sind echt und Teil einer technischen Meisterleistung. Sturmfluten in der Nordsee sorgten immer wieder für Überschwemmungen am Unterlauf der Themse, die zahlreiche Menschenleben kosteten. 1974 wurde mit dem Bau des Sperrwerks begonnen, 10 Jahre später konnte es in Betrieb genommen werden. Seit 1984 wurden die Fluttore mehr als 100 Mal geschlossen, London blieb trocken. Eine kleine Ausstellung im Information Centre verrät mehr über Hochwasser und Ingenieurskünste, aber eigentlich reicht es, von der DLR-Station aus durch den schönen Thames Barrier Park zu laufen und ein paar Bilder zu knipsen, vielleicht mit einem kurzen Pit Stop im „The View"-Café.

Oder Sie schauen sich die Thames Barrier vom Boot aus an. Viele der Ausflugsboote nach Greenwich machen noch einen Abstecher zur Barrier und zurück, bevor sie ihre Passagiere am Greenwich Pier abladen.

Thames Barrier Park

Windsor

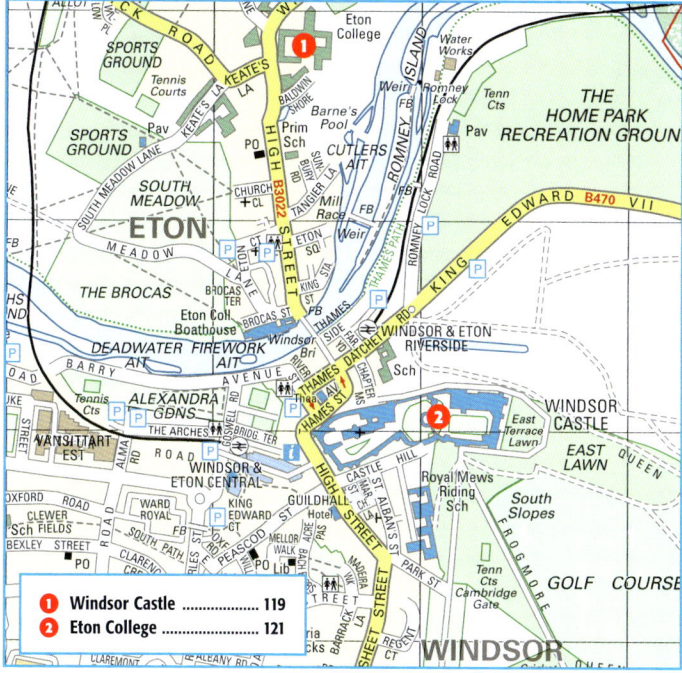

Windsor

Das schmucke Kleinstädtchen ca. 30 km westlich von London ist dank Windsor Castle fester Anlaufpunkt für London-Reisende. Die meisten Besucher marschieren schnurstracks zum Schloss, um ja keine Zeit zu verlieren, aber es lohnt sich, durch die umliegenden Gassen oder an der Themse entlang zu spazieren. Am anderen Themseufer liegt das noch kleinere Städtchen Eton, das ebenfalls einen Abstecher wert ist. Von der Fußgängerbrücke aus, die beide Städte verbindet, haben Sie einen schönen Blick auf die Silhouette von Windsor Castle.

Windsor

Anreise:

Am schnellsten und einfachsten geht es mit dem **Zug** nach Windsor. Es gibt zwei Bahnhöfe, Windsor & Eton Central (WNC) und Windsor & Eton Riverside (WNR), die nur wenige Fußminuten voneinander und von Windsor Castle entfernt sind. Von London Paddington (PAD) fährt ein Zug nach WNC, mit Umsteigen in Slough. Von London Waterloo (WAT) fährt ein Zug nach WNR als Direktverbindung. PAD-WNC dauert trotz Umsteigen nur etwa 35 min, WAT-WNR etwa 55 Minuten. Tickets können Sie am Schalter kaufen (wenn Sie mit dem hinter Panzerglas sitzenden Beamten durch ein blechern quakendes Lautsprechersystem verhandeln wollen), am Fahrkartenautomat oder online (www.nationalrail.co.uk). Und hier der Trick fürs günstigste Ticket: Geben Sie als Start und Ziel NICHT London und Windsor ein (PAD-WNC kostet 9,50 £ retour,

WAT-WNR 10,60 £ retour), SONDERN fahren Sie von PAD nach WAT oder umgekehrt – via Windsor. Auf der Nationalrail-Website geben Sie PAD und WAT als Start und Ziel ein, klicken dann auf „More options, railcards & passengers" und geben unter „Route" Travel via WNC oder WNR ein (beides ist möglich, macht keinen Unterschied). Das Ticket kostet nur 5,30 £ und ist nicht zeitgebunden. Sie müssen lediglich auf die Reiseroute achten. Wenn Sie ein Ticket von PAD nach WAT gekauft haben, müssen Sie von Paddington nach Windsor fahren und auf dem Rückweg den Zug nach Waterloo nehmen, und umgekehrt.

Falls Sie Wert darauf legen, in London denselben Start- und Zielbahnhof zu nutzen, dann verfahren Sie nach der eben beschriebenen Methode, buchen aber keinen Einzelfahrschein, sondern ein Return Ticket (8,40 £), das können Sie in beide Richtungen verwenden. Mit dem **Bus** dauert die Fahrt etwa eine Stunde. Greenline

Windsor Castle

(www.greenline.co.uk) startet in London Victoria (Buckingham Palace Road) mit den Linien 701 und 702, Tickets kosten je nach Uhrzeit zwischen 1 £ und 9 £, wobei die niedrigsten Preise natürlich auch für die ungünstigsten Zeiten gelten.

Windsor Castle

✉ **Windsor SL4 1NJ** | ⏰ **Mo-So 09:45-17:15 (Sommer), 09:45-16:15 (Winter), bei offiziellen Anlässen können sich die ÖZ jederzeit ändern, St George's Chapel ist sonntags geschlossen** | www.royalcollection.org.uk/visit/windsorcastle | Eintritt 17,75 £ **(9,70 £ wenn die State Apartments geschlossen sind), Audioguide inkl.**

Königin Elizabeth II. mag angeblich von all ihren Residenzen Windsor Castle am liebsten. Im 11. Jh. hatte Wilhelm der Eroberer hier die erste Burg errichten lassen, damals noch aus Holz. Nach und nach kamen Steingebäude hinzu und Windsor Castle wurde zu einer Festung ausgebaut. Erst ab dem 16. Jh. wurde allmählich ein Schloss daraus. Die größte Umgestaltung fand unter George IV. 1820-1830 statt, als der Schlossanlage ihre heutige Form verliehen wurde.

Das Schlossgelände lässt sich in Upper Ward (Oberer Hof) mit den Staatsgemächern, Middle Ward mit dem Round Tower, und Lower Ward mit St George's Chapel unterteilen. Von beiden Bahnhöfen aus laufen Sie auf der Thames Street in einer Schleife um die Festungsmauern herum zum Eingang auf der Südseite, wo Sie sich entweder in die deprimierend lange Schlange einreihen oder mit gezücktem London-Pass ohne Wartezeit zur Sicherheitskontrolle schlendern. Vergessen Sie nicht, den kostenlosen Audioguide mitzunehmen.

Windsor Bridge

Upper Ward:

An der Nordseite des Gebäudes befindet sich der Eingang zu den State Apartments und **Queen Mary's Dolls' House.** Das „berühmteste Puppenhaus der Welt", 1924 für Queen Mary im Maßstab 1:12 erbaut, verfügt sogar über fließendes Wasser. Es ist ein detailgetreues Modell eines aristokratischen Herrenhauses, und bei Besuchern überaus beliebt. Bei der langen Warteschlange hilft Ihnen auch der London-Pass nicht, nur viel Geduld. Wenn Sie die nicht haben, oder sich für Puppenhäuser – ganz gleich wie extravagant – nicht begeistern können, reihen Sie sich einfach in die nächste, sehr viel kürzere Warteschlange für die **State Apartments** ein. Die üppig ausgestatteten Staatsgemächer beeindrucken mit ihrer überbordenden Ausstattung und man kann erkennen, wie sehr der Prunk vom Versailles Ludwigs des XIV. andere Königshäuser zu ähnlichen Extravaganzen inspirierte.

Middle Ward:
Der gedrungen wirkende, wuchtige **Round Tower** ist das weithin sichtbare Wahrzeichen von Windsor Castle. Auf einem künstlichen Hügel gelegen ist er der älteste Teil des Schlosses. In der Mulde vorm Turm ist ein malerischer Garten angelegt und ich stelle mir immer vor, wie die Queen an besucherfreien Tagen hier ihre Corgis Gassi führt, oder Prinz Philip. An einigen Terminen in den Sommermonaten

kann man den Turm im Rahmen der „Conquer the Tower"-Tour besteigen. Das Kombiticket für Turmbesteigung und Castle kostet dann 23 £. Für diese 6 £ extra dürfen Sie über 200 Stufen nach oben klettern, wo ein fantastischer Ausblick auf Schloss, Stadt und Umgebung wartet.

Lower Ward:
In der **St George's Chapel** liegen unter anderem Heinrich VIII. und die Queen Mom begraben (nicht zusammen), Prince Charles und seine Camilla gaben sich hier das lang ersehnte Ja-Wort. Fotografieren ist leider nicht erlaubt.
Dafür dürfen Sie bei der **Changing the Guard-**Zeremonie ungeniert drauflosknipsen. Täglich gegen 11 Uhr (Apr-Jul, sonst alle zwei Tage) wird die Wachablösung mit Pauken und Trompeten

St Georges's Chapel

zelebriert. Alles eine Nummer kleiner als vorm Buckingham Palace, aber kaum weniger amüsant.

Eton College

✉ **Eton High Street, SL4 6DW**
www.etoncollege.com | ⏲ **Mi-So**
14 und 15:15 Uhr (in Schulferien täglich)
Eintritt 7 £

In der altehrwürdigen Kaderschmiede werden seit 1440 13- bis 18-jährige Knaben auf Erfolg getrimmt. 1984 wurde offiziell die Prügelstrafe abgeschafft. Neunzehn britische Premierminister sind „Old Etonians", auch David Cameron. Londons Bürgermeister Boris Johnson ging hier ebenso zur Schule wie die Prinzen William und Harry, und Unmengen von weiteren berühmten, wichtigen und renommierten Persönlichkeiten.

Wenn Sie von Windsor Castle kommend die Themse überqueren, folgen Sie der Eton High Street, bis Sie zur College Chapel gelangen. Der Spätgotikbau ist nicht zu übersehen. Hier können Sie Tickets kaufen und hier beginnt die etwa einstündige geführte Tour übers Schulgelände. Das Beste kommt gleich zu Beginn: das uralte, erste Klassenzimmer. In die harten Holzbänke und -tische haben Generationen von Schülern Namen und Sprüche geritzt. Großartige Sehenswürdigkeiten gibt es nicht zu bestaunen,

Altes Schulzimmer

aber die Atmosphäre und die dazugehörigen Geschichten machen die Tour recht kurzweilig.

Legoland Windsor Resort

✉ **Winkfield Road, SL4 4AY**
www.legoland.co.uk | ⏲ **Mo-So**
10-17/18/19 Uhr (Mar-Okt) | Eintritt 45,60 £
(32,40 £ online)

1,9 Millionen Besucher 2011 können nicht irren, oder? Na, vielleicht doch. Wiewohl Legoland ein großartiger Freizeitpark mit wunderbaren Kreationen aus Millionen von Legosteinen ist, bei deren Anblick jedem, der als Kind selbst stundenlang baute, das Herz aufgeht, ist doch der Eintrittspreis so lächerlich hoch, dass sich dem kostenbewussten Reisenden der Besuch verbietet.

Von beiden Bahnhöfen Windsors fährt ein kostenpflichtiger Shuttlebus zu Legoland, Tickets werden direkt beim Fahrer gekauft.

Oxford

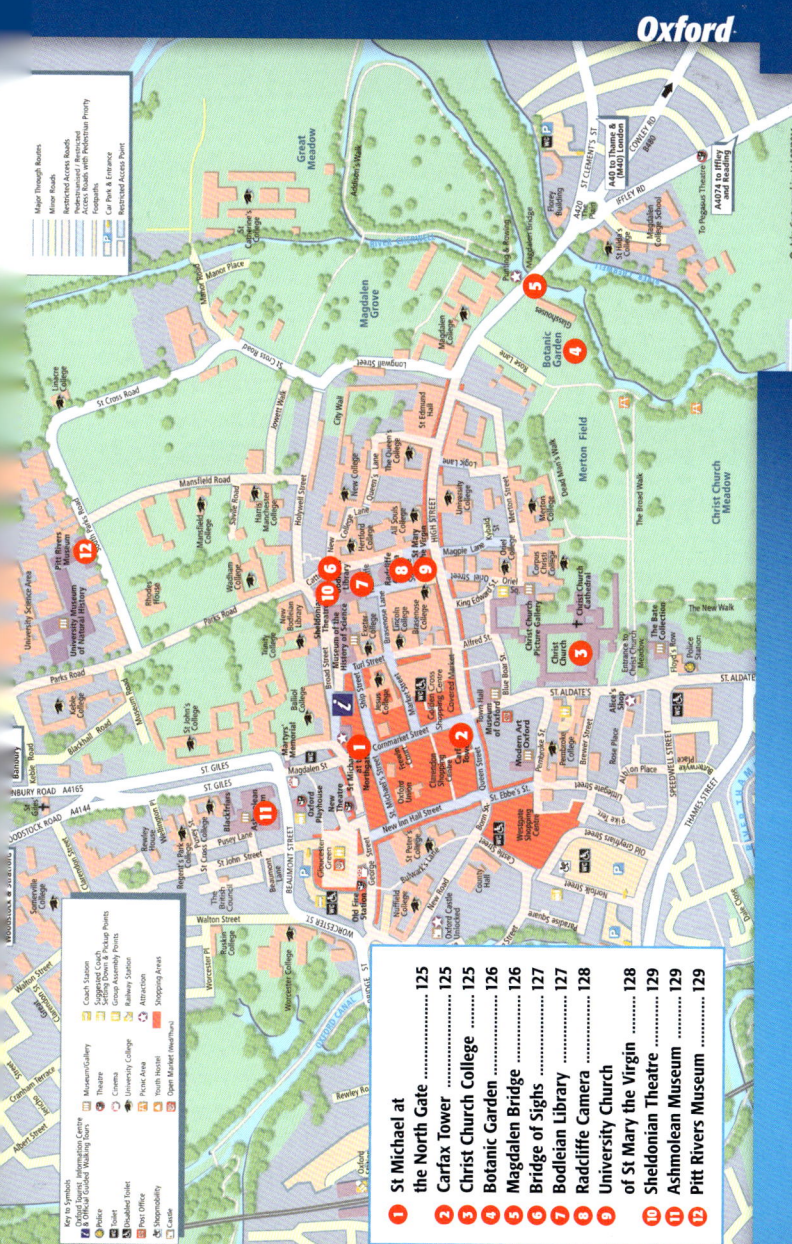

Oxford

Oxford

Die wohl berühmteste Universitätsstadt der Welt liegt etwa 90 km nordwestlich von London. Der Poet Matthew Arnold nannte Oxford die „city of dreaming spires" in Anspielung auf die Architektur der Universitätsgebäude. Rings um die altehrwürdigen Colleges nördlich und südlich der High Street liegen quirlige Einkaufsstraßen und schläfrige Kopfsteinpflastergassen. Spazierwege führen an den grünen Auen des Christ Church Meadow im Süden und am Fluss Cherwell im Osten entlang.

Christ Church Meadow

Anreise:

Wie immer geht es am einfachsten mit dem **Zug.** Züge zwischen London-Paddington (PAD) und Oxford (OXF) verkehren beinahe halbstündlich. Fahrtzeit beträgt 60-75 min. Frühbucher bekommen die billigsten Tickets, mit etwas Glück kann man schon für 8 £ hin und zurückkommen. Spontan-reisende hingegen dürfen auch schon mal mit 40 £ und mehr rechnen (www.nationalrail.co.uk).

Drei **Buslinien** verkehren zwischen London und Oxford, Fahrtdauer ca. 100 min, im Berufsverkehr deutlich länger. Bei Oxford Tube (www.oxfordtube.com) und Oxfordbus (www.oxfordbus.co.uk) kostet ein Retourticket 16 £, mehrere

Haltestellen in London werden angefahren (Oxford Tube: Hillingdon, Shepherd's Bush, Notting Hill Gate, Marble Arch, Victoria / Oxfordbus: Hillingdon, Baker Street, Marble Arch, Victoria). Megabus (www.megabus.com) bietet ein kleines Ticketkontingent bereits ab 1 £ pro Strecke an, Buchung nur übers Internet. Haltestelle in London: Victoria.

St Michael at the North Gate

✉ Ecke Cornmarket Street/Ship Street, OX1 3EY | www.smng.org.uk | ⏱ Mo-So 10:30-17 (Sommer), 10:30-16 Uhr (Winter) Eintritt 2 £ (für den Turm)

Die kleine Kirche wurde irgendwann zwischen 1000 und 1050 erbaut und ist damit das älteste Gebäude Oxfords. Von der Aussichtsplattform des Saxon Tower aus hat man einen schönen ersten Blick über Oxford.

Carfax Tower

✉ Ecke Cornmarket Street/High Street, OX1 1ER; Eintritt 2,30 £ | ⏱ Mo-So 10-17:30 (Sommer), 10-16:30 (Winter) Eintritt 2,30 £

Der 23 m hohe Turm ist letzter Überrest einer Kirche aus dem 13. Jh. Über 99 Stufen gelangen Sie nach oben, von wo aus Sie viel von der malerischen High Street sehen.

Christ Church College

✉ St Aldate's, OX1 1DP www.chch.ox.ac.uk | ⏱ Mo-Sa 09-17, So 14-17 Uhr (für Great Hall/Cathedral siehe Website) | Eintritt 8,50 £

Christ Church ist nicht das älteste College in Oxford, aber eines der größten, reichsten und sicher das bekannteste. 1525 von Lordkanzler Thomas Wolsey gegründet, hat Christ Church alleine

Great Hall

13 britische Premierminister hervorgerbacht, sämtliche Colleges in Cambridge zusammen kommen nur auf 15 (dafür hat Cambridge bei den Nobelpreisträgern die Nase vorn). Besucher gelangen durch das Meadow Gate ins College. Nach ein paar Kurven, Gängen und Höfen ist der erste Stopp die **Great Hall.** Am Treppenabsatz erwartete Professor McGonagall im ersten Harry-Potter-Film die neuen Schüler, die Great Hall selbst wurde im Studio nachgebaut, größer und bekanntlich mit einer magischen Decke. In Oxford ist die Decke holzgetäfelt. Wegen des großen Andrangs drehen Besucher meist nur eine Runde im Gänsemarsch. Täglich zwischen 11:40 und 14:30 Uhr ist die Great Hall geschlossen, denn die 500 Studenten des College wollen gefüttert werden und die Great Hall ist der Speisesaal. Am Tom Quad, dem weitläufigen Innenhof, befindet sich der Eingang zur **Cathedral.** Diese ist

gleichzeitig Kapelle des Christ Church College und – nachdem Henry VIII mit der katholischen Kirche gebrochen hatte und hier 1546 den ersten Bischof von Oxford einsetzte – Kathedrale der Diözese Oxford (und eine der kleinsten Kathedralen Englands).

Wenn Sie Fragen zur Geschichte des College haben, den Weg wissen oder einfach nur nett plaudern wollen, sprechen Sie ruhig einen der „Custodians" an. Diese meist älteren Herrschaften sind nicht immer mit Schirm, aber stets mit Charme und Melone unterwegs und daher leicht zu erkennen.

Botanic Garden

✉ **Rose Lane, OX1 4BH** |
www.botanic-garden.ox.ac.uk | ⏲ **Mo-So 09-18 (Mai-Aug), 09-17 (Mar/Apr/Sep/Okt), 09-16 Uhr (Nov-Feb)** | Eintritt 4 £

Der älteste botanische Garten Englands wurde 1633 fertiggestellt. Sein erster Kurator, Jacob Bobart, pflanzte 1646 eine Eibe, die heute noch steht.

Magdalen Bridge

✉ **High Street, OX1 4AU**

Die malerische Steinbrücke aus dem 18. Jh. über den Fluss Cherwell ist ein äußerst beliebter Ausgangspunkt für das äußerst beliebte Hobby der Oxforder Studenten: Punting. Im kleinen Bootshaus unter der Brücke können

Custodians

Punting

Sie eines der schmalen Boote mieten und sich mithilfe einer Stange durch die Flusslandschaften stochern.

Bridge of Sighs

✉ **New College Lane (kurz vor Cattle Street), OX1 3SU**

Die 1914 erbaute Brücke verbindet zwei Flügel des Hertford College und ist eine der meistfotografierten Sehenswürdigkeiten Oxfords. Warum sie ausgerechnet Seufzerbrücke genannt wird – wo sie doch völlig anders aussieht als das venezianische Original und wo auch keine traurigen Gefangenen auf dem Weg ins Verlies die Brücke überqueren müssen (nicht mal traurige Studenten auf dem Weg zu einer Klausur) – ist und bleibt ein Rätsel. Aber schön anzusehen ist sie schon.

Bodleian Library

✉ **Broad Street, OX1 3BG**

www.bodleian.ox.ac.uk | ⏱ **Mo-Fr 09-17, Sa 09-16:30, So 11-17 Uhr** | Eintritt 1-13 £

Der Eintrittspreis hängt von der gewählten Besuchsoption ab. Ein kurzer Besuch in der Divinity School (Krankenstation in Harry Potter 1+2) kostet lediglich 1 £. Die selbstgeführte Tour mit Audioguide kostet 2,50 £, beinhaltet aber nicht die Lesesäle. Die einstündige Standardtour (geführt) schlägt mit 6,50 £ zu Buche, aber die beste Option ist die geführte Extended Tour (90 min, 13 £), weil sie zusätzlich zu allem anderen auch noch einen Abstecher in die Radcliffe Camera bietet, der auf anderem Wege nicht möglich ist. „The Bod" ist eine der ältesten Bibliotheken Europas und die zweitgrößte Großbritanniens. Als Tourist hat man ja leider nicht die Zeit, es sich z.B. im Duke Humfrey's-Lesesaal gemütlich

Bridge of Sighs

Bodleian Library

zu machen, die mittelalterliche Atmosphäre zu genießen und ein Buch zu schmökern. Aber eine geführte Tour durch die Bilderbuch-Bibliothek sollte bei keinem Oxford-Trip fehlen.

Radcliffe Camera

✉ **Radcliffe Square, OX1 3BG**

Der Rundbau mit Kuppel wurde 1749 eröffnet und ist nach seinem Finanzier benannt, John Radcliffe, Leibarzt von Königin Anne. Seit 1860 gehört „Rad Cam" zu „The Bod" und beherbergt zwei Lesesäle, die der Öffentlichkeit nicht zugänglich sind (außer im Rahmen der oben erwähnten Extended Tour). Den schönsten Blick auf Camera und die umliegenden Colleges hat man vom St Mary-Turm aus.

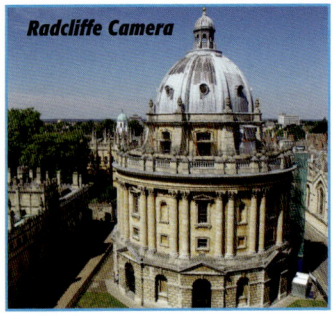

Radcliffe Camera

University Church of St Mary the Virgin

✉ **High Street, OX1 4AH**

www.university-church.ox.ac.uk

⏱ **Mo-Sa 09-17, So 11:45-17 Uhr**

Eintritt 3 £

Der Kirchturm stammt noch aus dem 13. Jh. Aus 62 m Höhe hat man die wohl beste Aussicht auf Oxford, auf Radcliffe Camera, auf all die „dreaming spires", von denen Matthew Arnold schwärmte. Für den Panoramablick nimmt man die 127 Stufen gerne in Kauf.

Sheldonian Theatre

✉ **Broad Street, OX1 3BH**
www.sheldon.ox.ac.uk
⏱ **Mo-Sa 10-12:30, 14-16:30 (Mar-Okt), 10-12:30, 14-15:30 Uhr (Nov-Feb)**
Eintritt 2,50 £

Das von Sir Christopher Wren 1668 designte Gebäude mit seinen halbrunden Zuschauerrängen und den bunten Deckenfresken ist ein beeindruckender Rahmen für College-Veranstaltungen oder klassische Konzerte. Die Kuppel ist begehbar und bietet einen schönen Blick auf Oxford (der allerdings hinter dem von St Mary zurückbleibt).

Ashmolean Museum

✉ **Beaumont Street, OX1 2PH**
www.ashmolean.org | ⏱ **Di-So 10-18 Uhr**
Eintritt frei

Das „Ashmolean Museum of Art and Archaeology" öffnete 1683 seine Pforten (damals noch in einem anderen Gebäude). Seit 1894 befindet es sich an diesem Ort und beherbergt eine umfangreiche Kollektion von ägyptischen und nubischen Altertümern, Kunst-

gegenständen, Schmuck, Kleidungsstücken, Zeichnungen (von Michelangelo und da Vinci) und vieles mehr. Mir hat vor allem die Gemäldesammlung mit Werken von u.a. Renoir und Turner gut gefallen. Da der Eintritt frei ist, lohnt sich ein Abstecher allemal.

Pitt Rivers Museum

✉ **South Parks Road, OX1 3PP**
www.prm.ox.ac.uk | ⏱ **Di-So 10-16:30 Uhr**
Eintritt frei

Im Pitt Rivers Museum werden die archäologischen und anthropologischen Sammlungen der Universität Oxford ausgestellt. Die Bandbreite reicht von Waffen bis Kleidungsstücken, von Musikinstrumenten bis Schmuck, von Kanus bis Keramik. Besonders anschaulich oder lehrreich ist die Ausstellung nicht ohne weiteres, da es für viele der Exponate Infos nur auf alten Karteikärtchen von anno dazumal gibt, aber die Schaukästen und Regale, und das Gebäude überhaupt, haben einen so sympathischen viktorianischen Charme, dass ein Kurzbesuch doch Spaß macht.
Das Museum ist im Ostflügel des Natural History Museums von Oxford untergebracht. Dieses ist 2013 wegen Renovierung geschlossen, Pitt Rivers wird geöffnet bleiben und ist durch den gemeinsamen Eingang erreichbar.

BRIGHTON PIER

THIS WAY TO THE END OF THE PIER

JEWELLERY, GIFTS

...SSION & DECKCHAIRS!

Brighton

Brighton

Brighton

Brighton boomt. Seitdem Mitte des 18. Jh. ein vielbeachteter Artikel über die gesundheitsfördernde Wirkung von Seeluft und Meerwasser veröffentlicht wurde, pilgerten Londons Reiche und Privilegierte für einen Kuraufenthalt nach Brighton. Das quirlige Seebad ist heute eines der beliebtesten Reiseziele in England. Dank zweier Universitäten gibt es eine blühende Kunst- und Kulturszene. Brighton versucht sich als junge, hippe Alternative zu London zu positionieren und nicht nur Tagesausflügler anzulocken, sondern auch Touristen, die für ein paar Übernachtungen bleiben – durchaus mit Erfolg. Gerade in den Sommermonaten ist viel los, nicht nur in den ca. 400 Pubs und Restaurants der Stadt, sondern auch bei vielen Konzerten, Theaterstücken oder Comedy-Shows.

Auf der offiziellen Tourismus-Website (www.visitbrighton.com) finden Sie allerlei Infos zu Geschichte, Sightseeing und Kultur.

Anreise:
Von den Bahnhöfen Victoria oder London Bridge kommen Sie mit dem Zug in weniger als einer Stunde von London nach Brighton. Ein Retourticket gibt es ab 15,50 £ (www.nationalrail. co.uk). Vom Bahnhof aus laufen Sie einfach geradeaus Richtung Süden und in knapp 10 min bummeln Sie schon durch „The Lanes" oder stehen vorm Royal Pavilion.
Der Vollständigkeit halber sei erwähnt, dass auch Busse zwischen London-Victoria und Brighton verkehren.

Retourtickets gibt es bereits ab 7 £ (www.nationalexpress.com), aber die Fahrtzeit beträgt mindestens zwei Stunden, bei dichtem Verkehr können's auch schon mal drei werden. Für einen Tagesausflug also gänzlich ungeeignet.

North Laine / The Lanes

North Laine ist eine bei Touristen wie Einheimischen gleichermaßen beliebte Gegend zwischen Bahnhof und Royal Pavillon mit einer Vielzahl von kleinen, zum Teil obskuren Läden, Pubs und

Royal Pavilion

The Lanes

Cafés. Südlich davon, durch die North Street getrennt, liegen **The Lanes.** Die schmalen, verwinkelten Gassen sind oft mit Touristen vollgestopft, die zwischen historischen Antiquitätenläden und malerischen Pubs bummeln.

Royal Pavilion

✉ Brighton BN1 1EE | ⏱ Mo-So 10-17:15 (Okt-Mar), 9:30-17:45 Uhr (Apr-Sep)
www.brighton-hove-rpml.org.uk
Eintritt 10,50 £ (Audioguide inkl.)

Was mag George IV. da bloß geritten haben? Für seine regelmäßigen Besuche in Brighton ließ er einen Pavillon zu einem indisch anmutenden Palast umbauen, den man eher in „Der Tiger von Eschnapur" vermuten würde als in einem englischen Seebad. Nach mehreren Bauphasen waren die Arbeiten am Royal Pavilion 1822 endlich abgeschlossen. Da Königin Victoria sich weder für den Palast noch für Brighton begeistern konnte, wurde das Gebäude 1850 an die Stadt verkauft. Aus den königlichen Stallungen wurde eine Konzerthalle, Brighton Dome, wo ABBA 1974 mit Waterloo den Grand Prix Eurovision de la Chanson gewannen. Das Innere des Pavilion weist übrigens keine indischen Einflüsse auf, sondern eher chinesische, wie es im 18. und 19. Jh. bei Design und Dekoration populär war. Wenn Sie eine Eintrittskarte lösen, dürfen Sie einige Schlafzimmer, Bankett- und Festsäle besichtigen, die ganz wie zu Zeiten Georges IV. eingerichtet

sind. Ein gewisses Mindestinteresse an Dekors und Geschichte sollten Sie dafür schon mitbringen. Sonst sparen Sie sich das Geld lieber und genießen den kostenlosen Blick auf die exotische Fassade. Der Royal Pavilion liegt in einem schmucken kleinen Park, der bei Spaziergängern, Müttern mit Kindern und gelegentlichen Hobbymusikern sehr beliebt ist.

SEA LIFE Brighton

✉ Brighton BN2 1TB | ⏲ Mo-So 10-19 Uhr | www.visitsealife.com/brighton
Eintritt 17,40 £ **(online 12,40 €)**

Nach sechsmonatiger Umbau- und Renovierungspause wurde im Mai 2012 wieder geöffnet. Zu sehen gibt es all

Royal Pavilion Gardens

Grand Hotel

das, was man auch aus anderen SEA-LIFE-Filialen kennt: bunte Aquarien, Unterwassertunnel, Behind-the-scenes-Tour (3 £ extra, mit Glasbodenboot 5 £) etc. Pluspunkte gibt es für die viktorianische Architektur, die weitgehend erhalten wurde, aber wenn Sie tatsächlich nur einen Tag in Brighton bleiben, sollten Sie Ihre Zeit besser woanders verbringen.

Beachfront

Ganz gleich, was die Stadt sonst noch zu bieten hat – wer nach Brighton fährt, tut das wegen des Meers, wegen der Uferpromenade, wegen all den Klischees von Wellen, Wind und Weite. Und Brighton enttäuscht nicht. Kieselstrand bis zum Horizont, Bars, Cafés, Imbissstände und Eisbuden.

Östlich des Palace Pier an einem sonst relativ ruhigen Strandabschnitt steht das **Brighton Wheel** (Eintritt 8 £, online 7,20 £, www.brightonwheel.com). Es wurde 2011 gegen den Widerstand der gutbetuchten Anwohner errichtet, die gegen die Beeinträchtigung ihres Ausblicks protestierten. Eine Fahrt dauert 12 min und bietet einige schöne Ausblicke über Brighton, Pier und Meer, die Sie anders nicht bekommen (wenn nicht doch irgendwann mal i360 gebaut wird).

Für eine Spazierfahrt der besonderen Art nehmen Sie **Volk's Electric Railway** (Ticket 2 £; www.volkselectricrailway.co.uk). Die älteste noch in Betrieb befindliche elektrische Straßenbahn der Welt tuckert, nein, schnurrt alle 15 min die 2 km vom Palace Pier bis

Beachfront & West Pier

zum Yachthafen. Wenn Sie nach Westen gehen, sehen Sie die eindrucksvolle Fassade des 1864 erbauten **Grand Hotel,** die in mehr Filmen vorkommt als ich hier auflisten kann. Einige Meter weiter stehen im Wasser die verkohlten Überreste des **West Pier** (1866). Dieser war seit Mitte der siebziger Jahre geschlossen und sollte renoviert werden, aber nach mehreren Unwetterschäden und vor allem nach zwei mysteriösen Bränden (der Konkurrenz vom Palace Pier konnte keine Brandstiftung nachgewiesen werden, was aber nichts daran ändert, dass jeder denkt, sie waren's) wurden die Pläne erst einmal auf Eis gelegt. Derzeit ist geplant, den Pier in Kombination mit einem neuen Aussichtsturm, dem i360, zu renovieren. Eröffnung des Turms ist für 2014

angedacht, aber wetten sollten Sie darauf nicht.

Palace Pier

Palace Pier

Unkaputtbar! So kann man den Pier wohl beschreiben. Nicht, dass man ihn nicht physisch zerstören könnte (wie ein Blick zur West-Pier-Ruine beweist), aber die Atmosphäre, das Flair ist nicht kleinzukriegen, ganz gleich wie viele Glücksspielautomaten oder Achterbahnen die Betreiber noch installieren. Der Palace Pier wurde 1899 eröffnet und ist damit der jüngste der ursprünglich drei Brightoner Piers. Seit 2000 proklamiert eine Leuchtreklame in schwungvollen Lettern „Brighton Pier", wie um zu unterstreichen, dass der Palace Pier der einzig verbliebene und überhaupt der einzig wahre Pier in Brighton sei. Wenn man erst mal über die Holzplanken des Piers spaziert, kostet es nicht viel Mühe, sich 100 Jahre zurück zu denken. Ignorieren Sie die grellen Souvenirstände, lassen Sie um Himmelswillen die fürchterliche Spielhalle nach zwei Dritteln des Piers links liegen, und drehen Sie nur eine Pflichtrunde um den Rummelplatz am Kopfende des Piers.

Schnappen Sie sich einen Liegestuhl und lassen Sie die allgegenwärtige Jahrmarktmusik vom Geschrei der Möwen übertönen. Na also, geht doch. Snacks, Süßigkeiten und Getränke finden Sie in kleinen Buden entlang des Piers, der Food Court am Kopfende bietet kulinarische Köstlichkeiten wie Grillwürstchen oder Asianudeln.

Warner Bros. Studio Tour

The Making of Harry Potter – Warner Bros. Studio Tour

Muggels, aufgepasst! Nachdem die Leinwandabenteuer von Harry, Ron, Hermione & Co. in einem dramatischen Finale zu Ende gegangen waren, überlegten sich die Verantwortlichen von Warner Brothers, dass Ausstattung und Kulissen eigentlich doch viel zu schade für den Müllcontainer sind. Am 31. März 2012 wurde The Making of Harry Potter mit großem Trara eröffnet und bietet nun Heerscharen von Harry-Potter-Fans die Möglichkeit durch ebenjene heiligen Hallen zu wandeln, in denen dereinst ihre Idole die Filme drehten.

Preis:

Die Tour ist gerade ein Jahr alt und es gibt schon die erste Preiserhöhung. Ab 2013 gilt: Erwachsene (ab 16) 29 £, Kinder (5-15) 21,50 £, Familie (2 Erwachsene + 2 Kinder oder 1 Erwachsener + 3 Kinder) 85 £; Kinder unter vier Jahre frei. Tickets müssen im Voraus gekauft werden und sind nur für ein exaktes Datum und ein exaktes Zeitfenster gültig.

Der ausführliche und interessante Digital Guide (4,95 £) wird im englischen Original von Tom Felton (Draco Malfoy) gesprochen und bietet jede Menge Hintergrundinfos, kurze Videos etc. Eintrittskarte und Digital Guide gibt es auch zusammen mit einem „Souvenir Guidebook" als „The Complete Studio Tour Package" für 38,95 £ (Kinder 31,45 £). Wenn Sie nicht ein besonderes Faible für solche Bücher haben, würde ich darauf verzichten.

Alle Infos finden Sie auf der Website (www.wbstudiotour.co.uk). Dort können Sie auch Ihre Tickets kaufen und ausdrucken.

Anreise:

Am günstigsten geht es mit dem **Zug** (leider kein Hogwarts Express). Der nächstgelegene Bahnhof ist Watford Junction und wird viertelstündlich von London Euston aus angefahren. Fahrtzeit ca. 20 min, Retourticket ab 9,80 £, mit Oyster schon ab 8,60 £ (www.nationalrail.co.uk). Wenn Sie in Watford das Bahnhofsgebäude verlassen, ist gleich links die Haltestelle für den Shuttlebus, der alle 30 min zu den Studios fährt. Freundliche Mitar-

Hogwarts Great Hall

beiter in Signalwesten organisieren die Warteschlange und kassieren (Retourticket 2 £). Nach 15 min Fahrt durch englische Einöde gelangen Sie zu den Studios.

Falls Sie zu viel Geld haben, können Sie auch den **Bus** nehmen. In Kooperation mit Warner bietet Golden Tours (www. goldentours.com) täglich vier Touren von London Victoria aus an. Beim Preis sind Busfahrt und Studiotour inbegriffen. Studiotouren finden um 10, 11, 13 oder 16 Uhr statt, Abfahrt in London ist ca. 2 Stunden früher. Die Fahrtdauer beträgt etwa eine Stunde (je nach Verkehr) und Sie werden direkt vor den Studioeingang gefahren. Da ein Einzelticket für Erwachsene bereits 66,69 £ kostet, kann von der Buchung nur abgeraten werden.

Wenn der Shuttlebus auf den Parkplatz rollt, ist der erste Eindruck ernüchternd. Die Filmstudios sind in Fabrikhallen untergebracht, in denen früher Rolls Royce Flugzeugmotoren baute, und sehen trotz des Harry-Potter-Schriftzuges von außen nicht sehr einladend aus. Im Foyer, gleich rechts neben dem Eingang, können Sie Ihren Digital Guide mieten.

Halle 1:

Erster Stopp nach einer kurzen Einführung ist ein Kino, wo knapp 5 min Filmszenen und Interviews gezeigt werden. Nach Filmende fährt die Leinwand nach oben, dahinter liegt eine große, reich verzierte Tür. Wenn die Spannung kaum noch auszuhalten ist, öffnet sich die Tür wie von Zauberhand und gibt den Blick auf die Große Halle von Hogwarts frei. Es mag nur eine Filmkulisse sein, aber die Ausstattung ist so reichhaltig und das Dekors so detailliert, dass man das fast vergessen könnte. Am Kopfende ist genau wie im Film der Lehrertisch, dort stehen Dummys mit Kostümen und Perücken (Dumbledore, Hagrid usw.). Ein Guide erzählt Wissenswertes.

TIPP *Ihre Zeit in der Großen Halle ist begrenzt. Nach 10-15 min werden Sie freundlich aber bestimmt hinauskomplimentiert, damit die nächste Gruppe die Halle für sich hat. Wenn Sie also in Ruhe gucken oder fotografieren wollen, schenken Sie sich die Ausführungen des Guides (er erzählt nichts, dass Sie nicht auch anderswo erfahren würden). Für ein Foto der Großen Halle ohne lästige Mitbesucher drängeln Sie sich nach dem Kino in die erste Reihe, dann können Sie bei Türöffnung gleich losknipsen.*

Wenn Sie die Große Halle verlassen haben, sind Sie auf sich alleine gestellt und können sich so viel Zeit lassen, wie Sie wollen. In Halle 1 sind die großen Kulissen aus den Filmen ausgestellt: Dumbledores Büro, die Küche der Weasleys, der Gryffindor-Schlafsaal und vieles, vieles mehr. Alles schick hergerichtet und mit vielen Details zum Entdecken, Infos dazu auf Bildschirmen und Schautafeln. Schauen Sie sich alles gründlich an, wenn Sie die Halle einmal verlassen haben, gibt es kein Zurück mehr.

Freigelände:

Hier können Sie Butterbier kaufen (supersüße Plörre für 3 £), sich in Mr. Weasleys Ford Anglia oder aud Hagrids Motorrad abknipsen lassen, oder den Privet Drive (Ligusterweg) entdecken, original mit kleinem Vorgartenrasen.

Bei Weasley's zu Hause

Gryffindor Schlafsaal

Halle 2:

Erst zwei Räume mit Masken, Make-up und dergleichen, dann geht es in die Diagon Alley (Winkelgasse) mit wechselnder Stimmungsbeleuchtung. Die Geschäfte können leider nicht betreten werden, aber auch so ist die Kulisse sehr schön anzuschauen. Am Ende kommt noch ein beeindruckendes Modell von Hogwarts und Umgebung, das für Luftaufnahmen verwendet wurde.

Goldgrube:

Nachdem Sie ein paar Stunden lang durch wunderbare Kulissen spaziert sind und Ihre Begeisterung für die wunderbare Welt von Harry Potter ganz neu entfacht wurde, kommen Sie – wie sollte es anders sein – im Gift Shop an. Die Fantasie der Warner-Brothers-Marketingabteilung ist mindestens so lebhaft wie die von J.K. Rowling. Welcher echte Fan kann schon auf einen Ravenclaw-Schal verzichten, oder ein Gryffindor-Quidditch-Shirt, oder Snapes Zauberstab? Gegen die abenteuerlichen Preise allerdings hilft auch kein „Expecto Patronum".

Fazit:

Es ist kein Themenpark, es gibt auch keine Achterbahnen. Die Studio-Tour ist wie eine der Making-Of-Dokumentationen, die man von DVD oder Blu-ray kennt – nur begehbar. Dementsprechend werden diejenigen, die bereits etwas über die Entstehung von Filmen

Halle 1

wissen, kaum neue Erkenntnisse gewinnen. Aber dafür bietet sich die Gelegenheit, durch Original-Filmsets vorbei an Original-Kulissen zu laufen. Für Harry-Potter-Fans und Filmgeeks zu verlockend, um Nein zu sagen.

Diagon Alley

ENTERTAINMENT

Kino

Warum soll man im Urlaub ins Kino gehen, werden Sie fragen, wenn man die gleichen Filme auch zu Hause sehen kann? Stimmt natürlich. Die neusten Blockbuster kann man sich auch im heimischen Multiplex anschauen (wobei die englischen Originalfassungen meist in die kleineren Säle abgeschoben werden). Hier sind ein paar Vorschläge für Filmerlebnisse der besonderen Art.

Events

Secret Cinema

www.secretcinema.org

Future Cinema

www.futurecinema.co.uk

The Other Cinema

www.theothercinema.org

Multiplexe sind öde, sagte sich Fabien Riggall und gründete 2005 **Future Cinema,** eine Eventagentur, die Filmaufführungen als aufwendiges Rundumerlebnis an ungewöhnlichen Locations plant. Zum Beispiel wurde Canary Wharf für ein Wochenende in Südkalifornien verwandelt. Für die Screenings von „Top Gun" und „The Lost Boys" wurden 79 Tonnen Sand rangekarrt, Motorräder, Segelboote und Heli-

Lawrence of Arabia, Secret Cinema

kopter. Mehr als 100 Schauspieler übernahmen Rollen, stellten ikonische Szenen aus den Filmen nach (z.B. das Beachvolleyballmatch aus „Top Gun") und interagierten mit den Besuchern. Während man bei Future Cinema weiß, welcher Film gezeigt wird und erahnen kann, wie das Event aussieht, tappt man bei **Secret Cinema** völlig im Dunkeln. Wer sich in der E-Mail-Liste einträgt, erhält kryptische Nachrichten mit verschlüsselten Hinweisen auf den Film, Tipps zur Vorbereitung und schließlich die Info, wann man sich wo einzufinden hat. Für „Lawrence of Arabia" wurde Alexandra Palace zum arabischen Souk mit Händlern, Wahrsagern, Bauchtänzerinnen und echten Kamelen. Die Industriebrache

Wood Wharf wurde für „Blade Runner" zum China Town in Los Angeles 2019 umgewandelt. Ein Geheimnis ist Secret Cinema natürlich längst nicht mehr. Januar 2012 erlebten insgesamt mehr als 19.000 Besucher das Nachkriegswien von „The Third Man" in Clerkenwell. Mit **The Other Cinema** verfolgen die Organisatoren einen etwas anderen Weg. Es gibt kein großes Spektakel, sondern Film als Gemeinschaftserlebnis soll im Vordergrund stehen. Beim Start wurde David Leans „Brief Encounter" gezeigt, es folgte „La Haine" von Mathieu Kassovitz.
Infos über neue Termine und Events finden Sie auf den Websites. Ticketpreise variieren, ca. 25-35 £. Der Erlebnischarakter der Spektakel geht

auf Kosten der Bequemlichkeit. Zwar wurde per Mail angeraten, Kissen oder Decke mitzubringen, aber bei 3 ½ Stunden „Lawrence of Arabia" wäre ein Multiplex-Polstersitz ausnahmsweise doch ganz schön gewesen. Trotzdem, der Besuch lohnt sich auf jeden Fall und bietet eine unvergleichliche Gelegenheit, in die Welt eines Films einzutauchen.

Luna Cinema

www.thelunacinema.com

Open-Air-Kino mit Filmklassikern an möglichst eindrucksvollen Orten. Acht Locations in London, darunter Kensington Palace, Opera Holland Park oder Brockwell Lido. Ticketpreise von 9,50-19,50 £ (je nach Veranstaltungsort).

Rooftop Film Club

www.rooftopfilmclub.com

Über den Dächern von London. Oder genauer gesagt: AUF den Dächern. Das Dach des Pubs Queen of Hoxton im Stadtteil Shoreditch ist mit Regiestühlen vollgestellt, Decken liegen bereit (bei Regen auch Ponchos), und der Sound kommt der Nachbarn wegen aus Drahtloskopfhörern.

Buntes Programm an fünf Nächten die Woche. Seit letztem Jahr ist Kensington Roof Gardens als zusätzlicher Veranstaltungsort hinzugekommen. Weniger Termine, coolere Location. Eintritt 10 £ (in Kensington kleiner Snack inkl.).

The Nomad

www.whereisthenomad.com

Sollte man im Auge behalten. Pop-up-Kino an ungewöhnlichen Orten. Highlight 2012 war „The Shining" auf dem Brompton Cemetary (leider ausverkauft).

Bei Open-Air-Terminen eher Picknick-Atmo (Essen/Trinken/Stühle/Decken selbst mitbringen). Tickets 8,50-12,50 £.

Lichtspielhäuser

BFI IMAX

🚇 **Waterloo** | ✉ **1 Charlie Chaplin Walk (South Bank), SE1 8XR**

www.odeon.co.uk

Englands größte Kinoleinwand. Der futuristisch anmutende Rundbau auf einer Verkehrsinsel neben dem Waterloo-Bahnhof ist nur über Unterführungen erreichen. Leider wird das Kino nicht mehr vom British Film Institute (BFI) gemanagt, sondern seit Juli 2012 von der Odeon-Kette. Das heißt: umständlichere Onlinebuchung (nur für angemeldete User) und höhere Preise (Mo-Fr nach 17h und am WE 16,75-19,50 £). Klassische IMAX-Filme wurden verbannt (ins Science Museum), jetzt laufen nur noch die größten Blockbuster (auch in 3D) und gelegentliche Opernübertragungen aus der MET in New York. Für Spektakel wie „The Dark Knight Rises" immer noch eine Option.

BFI Southbank

🚇 **Embankment / Waterloo** ✉ **Southbank, SE1 8XT** | www.bfi.org.uk

In attraktiver Lage an der Uferpromenade. Viel mehr als nur ein Programmkino. Auf drei Leinwänden wird Film zelebriert. Dazu Q&A-Sessions mit Stars und Filmemachern, z.B. Matt Smith und Stephen Moffat bei einer „Doctor Who"-Vorpremiere oder Tippi Hedren bei einer Hitchcock-Retrospektive. Die Mediathek zeigt 2.000 Filme & TV-Programme kostenlos. Cineasten-Nirwana.

Electric Cinema

Ladbroke Grove / Notting Hill Gate
191 Portobello Road (Notting Hill),
W11 2ED | www.electriccinema.co.uk

1910 eröffnet und im Neo-Barock der Edwardischen Epoche designt, ist das Electric eines der coolsten Kinos in London. Breite Ledersessel mit ausreichend Abstand zum Sitznachbarn, Fußbänke, Zweisitzcouches in der letzten Reihe, eine Bar hinten an der Wand. Tickets kosten zwischen 10 und 15 £. Die ersten drei Reihen sind billiger und weit genug weg von der Leinwand für gute Sicht (zweite oder dritte Reihe Mitte ist optimal).

Notting Hill Coronet

Notting Hill Gate | 103 Notting Hill Gate, W11 3LB | www.coronet.org

Wurde 1898 als Theater eröffnet und erst 1931 zum Kino umgewandelt.

Rotes, plüschiges Retrodesign. Technische Ausstattung halbwegs in Ordnung, Sitze mäßig bequem, aber faire Preise und viel Atmosphäre. Und hier saß Hugh Grant mit seiner Taucherbrille und Julia Roberts in „Notting Hill".

Prince Charles Cinema

Leicester Square
7 Leicester Place, WC2H 7BP
www.princecharlescinema.com

Quentin Tarantinos Lieblingskino in England und das wahrscheinlich einzige Kino der Welt mit einer nach Kevin Smith benannten Toilette. Das ehemalige Pornokino ist das einzige unabhängige Filmtheater im West End und zeigt auf zwei Leinwänden neben einer handverlesenen Auswahl von neuen und alten Hollywood-Produktionen internationale Filme und Kultklassiker, veranstaltet Retrospektiven, Q&A-Sessions und vor allem die ungemein

Electric Cinema

beliebten Sing-a-Longs, wo ein Haufen Gleichgesinnter bei „The Sound of Music" oder „The Rocky Horror Picture Show" mitträllert.

Odeon / Empire Cinema

🚇 Leicester Square | ✉ 24-26 Leicester Square WC2H 7JY / 5-6 Leicester Square WC2H 7NA | www.odeon.co.uk / www.empirecinemas.co.uk

Also gut, wenn es halt doch sein muss und Sie unbedingt am berühmten Leicester Square ins Kino gehen wollen, weil hier immer die Harry Potter- und Twilight-Premieren stattfanden, dann achten Sie wenigstens darauf, im großen Saal zu landen und nicht in den kleinen Schuhkartonkinos (Mezzanine im Odeon, Screen 4-9 im Empire). Das Odeon fasst 1.683 Besucher, Screen 1

im Empire immerhin noch 1.330. Die Technik ist in beiden Häusern vom feinsten, die Preise sind erwartet hoch (Odeon bis 22 £, Empire bis 15,95 £).

Theater

War Horse

Neuigkeiten aus der Theater-
welt, Casting-News, Klatsch
und Rezensionen finden Sie u.a.
bei www.whatsonstage.com.
www.officiallondontheatre.co.uk
bietet unter „London Shows"
eine komplette Liste sämtlicher
Theater- und Musical-Produk-
tionen mit Premierendatum,
Infos und Links zu den jeweiligen Theatern, sowie Ticket-
service. Äußerst empfehlenswert.

Wenn Sie jemals Zweifel hatten, ob Theater heutzutage noch
interessant sein kann, wo doch Filme und TV-Serien mit ihren
Millionenbudgets und Computereffekten neue Welten kreieren,
dann lassen Sie sich in London eines Besseren belehren. Klar
kann Theater nicht die spektakulären Landschaften von Mitteler-
de oder die unendlichen Weiten des Weltalls reproduzieren, aber
ein paar Schauspieler auf einer halbleeren Bühne sind in der
Lage, beinahe jede Szenerie in den Zuschauerköpfen entstehen
zu lassen. Theater findet ohne den Filter von Kameralinse und
Leinwand statt, ist direkt und unmittelbar. Und die Zuschauer
sind Teil der Aufführung. Ihre Reaktion auf das Bühnengeschehen
beeinflusst wiederum die Schauspieler. Manchmal nur subtil,
manchmal ganz offensichtlich, z.B. als James Corden in „One
Man, Two Guvnors" das Publikum direkt ansprach und spontan
auf die Antworten reagierte, während er immer noch seine Rolle

spielte. Oder im Globe, wo bei einer Aufführung von „Much Ado About Nothing" Hauptdarstellerin Eve Best erkrankt war, auch ihre Vertretung nicht zur Verfügung stand, und eine Nebendarstellerin als Beatrice einspringen musste – mit dem Text in der Hand. Anstatt so zu tun als wäre nichts, wurden die Textblätter fast wie eine Requisite genutzt. Und nach dem letzten Dialogsatz riss Benedikt seiner Beatrice die Blätter aus der Hand, warf sie mit großer Geste fort und verschloss ihre Lippen mit einem Kuss. Der Rest war Schweigen. Und natürlich tosender Beifall des Publikums.

Die meisten Theater befinden sich im West End. Hier sind all die mit Stars gespickten Produktionen zu sehen, von Jude Law als „Hamlet" bis Danny DeVito als „Sunshine Boy" etc. Die meisten Spielstätten wurden um die Jahrhundertwende (leider 19./20., nicht 20./21.) oder gar noch früher erbaut – und das merkt man. Das wunderbare Dekor ist häufig etwas vergilbt; ausgeleierte Sitzpolster bieten den Komfort einer Bierzeltgarnitur; Sitzreihen sind so eng, dass man darin kaum stehen kann, geschweige

Noises Off, Novello Theatre

denn sitzen; und beim Blick vom Balkon auf die weit, weit unten gelegene Bühne ist schon gestandenen Alpinisten schwindlig geworden. Das soll Sie nicht vom Theaterbesuch abhalten, aber zu sorgfältiger Planung motivieren. Wenn Sie Wert auf Beinfreiheit legen, buchen Sie einen Platz am Gang. Plätze mit eingeschränkter Sicht können sehr interessant sein, da sie deutlich billiger verkauft werden, und ein „Sitzriese" kann womöglich bequem über ein Geländer hinwegblicken, das einer kleineren Person die Sicht versperrt. Auf den Balkons mancher Theater sind in den hinteren Reihen Ferngläser angebracht, die gegen ein Pfund Pfand ausgelöst werden können. Billige Plastikteile mit fragwürdiger Optik. Bringen Sie lieber ein gutes, kleines Fernglas von zu Hause mit, damit Sie auch von den billigen Plätzen aus noch Details erkennen können.

Die besten Informationen über Londoner Bühnen finden Sie bei Theatremonkey (www.theatremonkey.com). Dort gibt es nicht nur News und Rezensionen, sondern auch eine Liste der Veranstaltungsorte mit jeder Menge Userkommentare zu Sicht, Akustik und Bequemlichkeit, übersichtlich strukturiert nach Sitzreihe und sogar -nummer.

Für ein Theatererlebnis abseits des Mainstreams besuchen Sie eine Fringe-Produktion, jenseits des West End. In Spielstätten wie dem Hampstead Theatre oder dem Lyric Hammersmith können sich junge Theaterautoren und -regisseure austoben. Das geht manchmal bös daneben, aber es trägt zum Reiz mit bei, wenn sich schon in der Pause erboste Besucher über die Aufführung echauffieren. Langweilig wird es jedenfalls selten. Zwei große Vorteile haben die Off-West End-Produktionen: deutlich günstigere Eintrittspreise und – da die Spielstätten meist jüngeren Datums sind – häufig bequemere Sitze.

Musical

Es gibt keinen Stoff, aus dem man nicht irgendwie ein Musical basteln könnte, wenngleich nicht jede Idee ein voller Erfolg ist („Gaddafi: A Living Myth"). Komplett neu konzipierte Stoffe sind derzeit eher die Ausnahme, die Musical-Produzenten setzen auf

Shrek

Risikominimierung durch den hohen Wiedererkennungswert von entweder Filmadaptionen oder Jukeboxmusicals.

Das Paradebeispiel für eine gelungene Adaption ist „The Lion King", das seit Jahren für ausverkaufte Häuser sorgt. Selbst wenn man Elton Johns Edelschnulzen nichts abgewinnen kann, sorgt die grandiose, fast schon avantgardistisch zu nennende Inszenierung von Julie Taymor für ein spektakuläres Erlebnis. Auf der anderen Seite stehen Produktionen wie „Shrek" oder „The Wizard of Oz", die von den großen Namen zehren, aber nichts wirklich Neues bieten. Besser macht es „Wicked", das die Figur der Wicked Witch of the West aus „The Wizard of Oz" nimmt und ihre „Lebensgeschichte" mit viel Humor und Sentiment erzählt.

Das Rezept für Jukeboxmusicals ist immer das gleiche: Man nehme ein oder zwei Dutzend möglichst populäre Songs, gruppiere sie thematisch oder nach Künstler, stricke eine notdürftige Story drumherum, und voilá! Von „Mamma Mia" (ABBA) bis „Rock of Ages" (80er-Jahre-Rock), „Jersey Boys" (Franki Valli & The Four Seasons) bis „We Will Rock You" (Queen). Die Handlung findet in kurzen Vignetten zwischen Songs statt, die Zuschauer kommen wegen der Musik. Und wenn die gut gemacht ist, kann man eine Menge Spaß haben. Der Johnny Cash in „Million Dollar Quartet" z.B. war besser als Joaquin Phoenix in „Walk The Line".

Tickets

Regulär:

Online buchen, mit Kreditkarte zahlen, an der Theaterkasse abholen. Das ist der beste Weg, um an Tickets zu kommen. Die meisten Online-Anbieter sind seriös, aber es gibt ein paar schwarze Schafe, bei denen Sie Wucherpreise zahlen und angeblich hinterlegte Tickets an der Theaterkasse nicht aufzufinden sind. Wenn Sie auf Nummer Sicher gehen wollen, nutzen Sie die offiziellen Websites der jeweiligen Theater bzw. Produktionen, auf denen Sie sich Ihren Sitzplatz ganz genau aussuchen können. Die Links finden Sie bei www.officiallondontheatre.co.uk. Checken Sie bei Theatremonkey (www.theatremonkey.com), ob der Platz auch was taugt. Meiden Sie Ticketmaster und Konsorten, wenn es geht, denn die verlangen Extragebühren.

Tickets werden in der Regel an der Theaterkasse hinterlegt und können nach Vorlage der bei der Zahlung verwendeten Kreditkarte bis 30 min vor Vorstellungsbeginn abgeholt werden. Bedenken Sie jedoch, dass Sie nicht der einzige sein werden, der das Kassenhäuschen belagert, und planen Sie entsprechend viel Zeit ein. Oder holen Sie Ihre Tickets schon früher ab. Die Kassen sind den ganzen Tag über geöffnet. Ich mache immer am Beginn jedes London-Trips einen kurzen Spaziergang durchs West End (liegt ja alles dicht beieinander) und sammle meine Theatertickets ein.

tkts:

Der legendäre tkts-Kiosk (www.tkts.co.uk, Mo-Sa 09-19, So 10:30-16:30 Uhr) am Leicester Square wird von der offiziellen Londoner Theatervereinigung betrieben und verkauft reguläre Restplatztickets zu reduzierten Preisen.

Wicked

Aber in der Regel sind nur die besten Tickets erhältlich, d.h. Sie zahlen 40 statt 70 £ oder so. Richtig billig ist das auch nicht. Und natürlich gibt es längst nicht für alle Vorstellungen reduzierte Tickets (im Fenster des Kiosks hängt eine Liste mit Vorstellungen aus, für die tkts NIE Sonderangebote verkauft, z.B. das immens populäre „The Lion King"). Neben dem Kiosk steht eine Anzeigetafel mit den Angeboten des Tages. Rein theoretisch können den ganzen Tag über immer wieder Tickets ins Angebot kommen, aber meistens ist es so, dass die besten Angebote in der ersten Viertelstunde nach Öffnung weg sind. Am Schalter geht es zu wie an einer Aldi-Kasse: es muss SCHNELL gehen; lange Beratungsgespräche, welcher Platz denn wohl der Schönste und Beste ist, sind verpönt. Bezahlt wird bar oder mit Kreditkarte.

Half-Price:
Rings um den Leicester Square und überall im West End gibt es jede Menge Buden, die mit „Half-Price Tickets" werben. Das stimmt so natürlich nicht. Meistens bekommt man dort die Tickets, die sonst keiner haben will, also Balkon, vorletzte Reihe unterm Dach oder so. Bevor Sie dort einkaufen, sollten Sie sich einen Überblick über die offiziellen Preise verschaffen, denn die Preisgestaltung der Ticketbuden richtet sich ganz nach der Kreativität der Betreiber. Wenn man Ihnen die Tickets in einem Briefumschlag überreicht, prüfen Sie den Inhalt sofort. Wenn Ihnen jemand weismachen will, die Tickets würden an der Abendkasse hinterlegt werden, dann suchen Sie das Weite. Ich habe über die Jahre immer mal wieder bei den Half-Price-Buden eingekauft und bin bisher noch nicht reingefallen, aber man hört immer wieder Geschichten von Touristen, die übers Ohr gehauen wurden. Um das Reinfallrisiko zu minimieren achten Sie auf den STAR-Aufkleber (**S**ecure **T**ickets from **A**uthorised **R**etailers).

Day Seats:
Immer mehr Theater halten ein kleines Kontingent von Karten zurück, die erst am Tag der Vorstellung in den Handel

kommen und direkt an der Theaterkasse zu reduzierten Preisen verkauft werden. Jedes Theater hat ein anderes Verfahren: mal gibt es die Karten nur für Rentner und Behinderte, mal für alle; mal beginnt der Verkauf gleich morgens bei Kassenöffnung, mal erst eine Stunde vor Vorstellungsbeginn. Checken Sie die jeweiligen Websites für Details. Der Nachteil der Day Seats ist, dass man kostbare Reisezeit in einer Warteschlange verbringen muss, ohne Garantie, noch ein Ticket zu ergattern.

National Theatre

🚇 **Embankment / Waterloo**
✉ **Southbank, SE1 9PX**
www.nationaltheatre.org.uk

Von außen ist es ein hässlicher, verschachtelter Sichtbetonkomplex, aber drinnen wartet die endlos faszinierende Welt des Theaters. Zum NT gehören drei Theater: das Cottlesloe (demnächst Dorfman), ein Studio für bis zu 400 Personen mit meist eher experimentellen Stücken; das Lyttleton, eine klassische Theaterbühne für 900 Zuschauer; und das Olivier, wo 1200 Zuschauer auf Rängen wie in einem Amphitheater Platz finden.

Die „National Theatre Company" wurde 1963 ins Leben gerufen und residierte zunächst im Old Vic Theatre. Erster künstlerischer Direktor war Laurence Olivier. Sir Laurence war an der Planung des NT maßgeblich beteiligt, trat aber nie auf der nach ihm benannten Bühne auf, da er sich vorher zur Ruhe gesetzt hatte. Dafür war so ungefähr JEDER andere britische Schauspieler von Rang und

National Theatre

Frankenstein, NT

Namen schon mal im NT zu sehen, z.B. Anthony Hopkins, Judi Dench, Michael Gambon, Ian McKellen, Helen Mirren, und 1988 in einer Neuaufführung von „Oklahoma!" ein junger, unbekannter Australier namens Hugh Jackman. Die Bandbreite der Aufführungen reicht von kopflastigen Klassikern wie Sophokles' „Antigone" bis hin zu Boulevard mit Slapstickeinlagen wie „One Man, Two Guvnors", das dermaßen erfolgreich war, dass man es ins West End transferierte. Bevor „War Horse" ein langweiliger Film wurde, war es ein herausragendes Stück im NT (und ist im West End immer noch zu sehen). Dank der komplexen Bühnentechnik können Kulissen schnell ausgetauscht und so mehrere unterschiedliche Stücke pro Woche aufgeführt werden.

Tickets bestellen Sie am besten über die NT-Website und möglichst frühzeitig. So können Sie sich die besten (und billigsten) Plätze aussuchen. Dank einer Kooperation mit Travelex gibt es für jede Vorstellung gute Tickets schon ab 12 £ (solange der Vorrat reicht). Einen guten Blick auf die Bühne haben Sie in allen Theatern, aber im Lyttleton wird es spätestens ab 1,85m Körperlänge eng mit der Beinfreiheit. Das Olivier ist so wunderbar großzügig angelegt, dass Sie überall bequem sitzen. Seit 2009 können Theaterfans in aller Welt ausgesuchte NT-Produktionen im Kino genießen. Übertragungen von Kulturevents sind der letzte Schrei, das Bolshoi Ballett in Moskau macht es, die MET in New York macht es, und eben auch das National Theatre (www.nationaltheatre.org.uk/ntlive). Auf der Website können Sie nachsehen, ob ein Kino in Ihrer Nähe mitmacht.

Shakespeare's Globe Theatre

 Mansion House / Southwark / London Bridge | ✉ 21 New Globe Walk, SE1 9DT | www.shakespearesglobe.com

Das Globe bietet Theatervergnügen fast wie im 16. Jahrhundert. Der Nachbau des elisabethanischen Theaters, in dem viele von Shakespeares Stücken zum ersten Mal aufgeführt wurden, ist kreisrund, Bühne und die drei Zuschauerränge sind überdacht, der Innenraum ist unter freiem Himmel. Damit Aufführungen nicht wie damals nur nachmittags stattfinden können, hat man ein paar Scheinwerfer installiert, die bei Abendvorstellungen das Theaterinnere erhellen. Ein Soundsystem gibt es nicht, dank des Baudesigns dringen die Stimmen der Schauspieler in jeden Winkel des Theaters. Die Bühnendekoration ist traditionell spartanisch, aber die Schauspieler beziehen das ganze Theater in die Aufführung mit ein, gehen häufig durch den Innenraum von der Bühne auf und ab.

Der Innenraum („yard") ist unbestuhlt. Tickets kosten nur 5 £, man kann während der Vorstellung herumlaufen, kommen und gehen, essen, und wenn man früh genug ist, direkt an die Bühne auf Armeslänge an die Schauspieler ran. Da man als „Groundling" (so werden die Innenraum-Besucher genannt) kein Dach überm Kopf hat, sollte man auf alle Eventualitäten vorbereitet sein, denn wenn nicht gerade ein Orkan oder Hagelschauer über London hereinbricht, finden die Vorstellungen bei jedem Wetter statt.

Wenn Sie nach einem anstrengenden Sightseeing-Tag Ihre Füße im Theater

The Merry Wives of Windsor, Globe Theatre

schonen und sitzen wollen, suchen Sie sich ein Plätzchen auf den Rängen. Die Preise liegen zwischen 15 und 40 £. In den reich verzierten Logen direkt links und rechts von der Bühne tummelten sich früher Adlige und Gutbetuchte, um zu sehen und – wichtiger noch – gesehen zu werden. Dort gibt es gepolsterte Stühle mit Lehne, aber man sieht die Schauspieler zu oft nur von hinten. Alle anderen Sitzplätze sind einfache Holzbänke ohne Lehne, jedoch können Sitzkissen für 1 £ gemietet werden. Eine gute Investition! Oder bringen Sie Ihr eigenes, aufblasbares Kissen mit. Wenn Sie sich unbedingt anlehnen wollen, müssen Sie sich mit Ihrem Hintermann und dessen Knien arrangieren, oder aber einen der hinteren Plätze in den jeweiligen Boxen auswählen, dort dient die Wand als Rückenlehne. Groundling-Tickets bekommen Sie in der Regel auch noch für Vorstellungen am gleichen Tag. Sitzplatztickets sind recht schnell weg, versuchen Sie, so lang wie möglich im Voraus zu buchen. Sie können Ihren individuellen Sitzplatz direkt über die Website bestellen, die Tickets werden auch nach Deutschland versendet.

Falls Sie übrigens befürchten, dass Ihr Schulenglisch nicht ganz für Shakespeare reicht, dann sollte Sie das trotzdem nicht von einem Besuch abhalten. Erstens mal ist Shakespeare gar nicht sooo schwierig. Man muss sich nur ein bisschen in den Rhythmus reinfinden, dann geht es nach ein paar Minuten wie von selbst. Zweitens können Sie Verständnisprobleme reduzieren, indem Sie sich vorbereiten. Lesen Sie vorher nach, worum es in dem Stück eigentlich geht. Und drittens könnten die Stücke sogar auf Esperanto aufgeführt werden – der Besuch wäre immer noch ein Erlebnis, weil das Theater selbst so viel Atmosphäre bietet.

Open Air Theatre Regent's Park

🚇 **Baker Street / Regent's Park**
✉ **Queen Mary's Garden, Regent's Park, NW1 4NU** | www.openairtheatre.org

Was gibt es Schöneres als Shakespeares Mittsommernachtstraum in einer lauen Sommernacht im Grünen zu erleben? Das wunderbare Open-Air-Theater liegt mitten im Regent's Park. Von der Tube Station aus ist es ein kleiner Fußmarsch, oder sagen wir: ein schöner Spaziergang, bis Sie das Theater erreichen. Planen Sie ausreichend Zeit ein. Oder besser noch: Kommen Sie etwas früher, dann können Sie auf der Picknickwiese eine Rast einlegen. Selbstverpflegung ist ausdrücklich erlaubt. Aber auch das Theater-Barbecue ist sehr beliebt. Burger oder Kebab für 6,50 £ (mit Online-Voucher nur 5,50 £). Da das Wetter in London bekannt-

Into The Woods, Regent's Park Theatre

lich etwas launisch ist, kann es in Ausnahmefällen dazu kommen, dass eine Vorstellung kurzfristig abgesagt werden muss. Auf jeden Fall sollten Sie auf kühlere Temperaturen vorbereitet sein, und ggf. auch auf Regen (Schirme dürfen im Theater nicht verwendet werden, Regencapes schon).

Auf der Website können Sie sich Ihren Sitzplatz aussuchen. Die Tickets sind in sechs Kategorien unterteilt mit Preisen zwischen 20 und 50 £. In der letzten Reihe (Upper Tier Left / Right) gibt es zwischen all den teuren Sitzen ein paar Plätze der zweitniedrigsten Preiskategorie, von denen aus man einen guten, frontalen Blick auf die Bühne hat. Man sitzt zwar ganz hinten und ganz oben, aber bei einem Freilichtamphitheater ist das kein Problem. Vorsicht: Auf den Balken und Verstrebungen oberhalb der letzten Reihe lässt auch gerne die örtliche Taubenpopulation den Tag ausklingen. Ein gelegentliches Gurren stört nicht weiter, aber wenn eine diarrhöische Luftratte den Darm auf Ihrem Hemd entleert, dämpft das den Kulturgenuss nicht unerheblich.

Klassik & Oper

Vor nicht allzu langer Zeit gehörten Klassik und Oper noch unverrückbar in den Bereich der E-Musik und es wurde eine klare Trennungslinie zu den Niederungen der U-Musik gezogen, wo der Plebs seichter Unterhaltungsmusik frönte, während niveauvolle Bildungsbürger sich an anspruchsvollen Klassikkompositionen delektierten. Mittlerweile hat sich rumgesprochen, dass auch die vermeintliche E-Musik viel U bieten kann. Muss ja nicht gleich Stockhausen sein. Hier ist eine kleine Auswahl besonders interessanter Locations und Veranstaltungen:

BBC Proms (Royal Albert Hall)

South Kensington | **Kensington Gore, SW7 2AP** | www.royalalberthall.com / www.bbc.co.uk/proms

Impresario Robert Newman hatte 1895 die Idee, mit günstigen Eintrittspreisen und einer lockeren Atmosphäre ein Publikum für klassische Musik zu gewinnen, das sonst einen weiten Bogen um solche Veranstaltungen machen würde. Mehr als 100 Jahre später sind die Proms eine feste Institution. Jeden Sommer zwischen Juli und September finden täglich Konzerte in der Royal Albert Hall (RAH) statt, bevor mit der Last Night of the Proms das große Finale folgt.

Im Programm sind Welturaufführungen neuer Werke, alte Klassiker, Skurriles (Ukulele Orchestra of Great Britain), oder auch Familienunterhaltung wie bei den Doctor Who Proms mit Musik aus der TV-Serie und Gastauftritten von Daleks, Cybermen etc.

„Prom" kommt von Promenade, und das Promenieren hat immer noch Tradition. Der Innenraum der RAH bleibt unbestuhlt und bietet rund 1.000 „Prommers" Platz. Auf der Galerie unterm Dach kann man während der Konzerte umherschlendern oder – was viele bevorzugen – es sich mit Schnittchen und Prosecco auf einer mitgebrachten Decke bequem machen. Diese Stehplatztickets kosten nur 5 £, können aber nicht vorbestellt werden. Das Schlangestehen vor der Kasse beginnt häufig schon nachmittags, denn die besten Plätze sind schnell weg. Sitzplatztickets können bequem über die Website bestellt werden, Versand nach Deutschland ist möglich. In den

„Stalls" (den Sitzreihen direkt am Innenraum) sitzt, sieht und hört man ausgezeichnet und bei den Proms sind diese Plätze sogar noch halbwegs bezahlbar. Aber Sie können auch ganz unbesorgt einen Platz im „Circle" wählen (die obersten und billigsten Sitzreihen). Sitze mit eingeschränkter Sicht bzw. wenig Beinfreiheit sind auf der Website gekennzeichnet, von allen anderen hat man einen wunderbaren Blick ins Oval der RAH. Beachten Sie bitte, dass es keine moderne Klimaanlage gibt und es im Circle und auf der Galerie im Laufe des Abends wohlig warm wird, so dass man schnell mal wegdöst.

Coliseum

🚇 **Leicester Square / Charing Cross**
✉ **St Martin's Lane, WC2N 4ES**
www.eno.org

1904 eröffnet ist das Coliseum mit 2.359 Plätzen das größte Theater Londons. Dank der Weltkugel auf dem Dach ist es leicht zu finden. Nach aufwendiger Renovierung 2000-2004 erstrahlt das Interieur wieder in opulenter Pracht. Das Coliseum ist Heimstatt der English National Opera (ENO). Alle Aufführungen finden in Englisch statt, Puristen sollten also gewarnt sein. Mittlerweile genießt die ENO einen sehr guten Ruf.

BBC Proms, Royal Albert Hall

Royal Opera House

Prestigeproduktionen locken ein opernuntypisches Publikum an, z.B. die spartanische und doch äußerst effektive „Madame Butterfly" von Filmregisseur Anthony Minghella („The English Patient"). Oder „The Damnation of Faust" von Berlioz in einer zwar nicht wirklich guten, aber dafür überbordenden und ideenreichen Inszenierung von Kultregisseur Terry Gilliam (der nach der Aufführung im Schlabberlook auf die Bühne schlurfte und vom wieder aufgewachten Publikum mit tosendem Sympathie-Beifall verabschiedet wurde).

Die besten Plätze im Parkett kosten knapp unter 100 £, weswegen ich die auch nur von Fotos kenne. Auf dem Balkon liegen die Preise bei 20-25 £, Sicht ist in Ordnung. Die Sitze sind nicht wirklich großzügig geschnitten. Bei meinem letzten Besuch bin ich in der ersten Pause vor einem bronchitischen Sitznachbarn geflohen. Am Balkonrand außen bleiben die ersten drei Reihen immer frei, weil es dort selbst für Kinder zu eng ist, aber indem ich meine Gliedmaßen über mehrere Sitze und Reihen verteilte, konnte ich es mir bequem machen und ungestört mit der armen Cho-Cho-San mitleiden.

Royal Opera House

Covent Garden | ⊠ Covent Garden, WC2E 9DD | www.roh.org.uk

Londons erste Adresse für Oper und Ballett (anders als im ENO werden im ROH die Opern im Original gesungen) beglückt kulturbeflissenes Publikum

mit prunkvollem Ambiente und hoch-
klassigen Aufführungen ohne moder-
nistischen Schnickschnack. Besser-
verdienende und Poser kombinieren
den Besuch mit einem Dinner im
Opernrestaurant: Vor- und Hauptspeise
vorm Beginn, Dessert und Café in den
Pausen, alles zusammen für einen
mittelgroßen dreistelligen Pfundbetrag.
Für durchtrainierte Besucher bietet das
ROH Stehplätze schon ab 6 £ an (je
nach Vorstellung), reizvoller sind die
zwischen die absurd teuren Sitzplätze
(Parkett 175 £) immer mal wieder
eingestreuten „Billigplätze" seitlich der
Bühne (aber nah dran!) oder im „Amphitheatre" (was ein schöner Euphe-
mismus für den Balkon ist – Fernglas
nicht vergessen!). Bei der Online-Bu-
chung auf der Website können Sie sich
Ihren Platz nicht nur genau aussuchen,
sondern haben sogar ein paar Fotos als
Entscheidungshilfe zur Verfügung.

Opera Holland Park

🚇 **High Street Kensington / Holland
Park** | ✉ **Holland Park, W8 6LU**
www.operahollandpark.com

Mitten in Londons romantischstem
Park gelegen. Eine Handvoll feiner
Produktionen jede Saison sorgt für
volle Ränge. Gute Plätze sind teuer,
schlechte auch (48,50-66,50 £), und ein
paar Dutzend ganz schlechte am äu-
ßeren Rand gibt es für 12 £. Wenn Sie
längerfristig planen können: Jedes Jahr
vor Saisonbeginn (März/April, checken
Sie die Website) kommt ein Kontingent
gesponserter Tickets in den Verkauf.
Mit den „INSPIRE Tickets" erhalten Sie
Top-Plätze für nur 12 £.
Dank des Zeltdachs sind Sie vor Regen
geschützt, nicht aber vor Kälte. Eine
Jacke ist zu empfehlen. Von der Tube
aus sollten Sie 10-15 min Fußmarsch
einplanen.

Madame Butterfly, ENO

Rock & Pop

Andere englische Städte haben eine lebendige, eigenständige Musikszene (Bristol, Manchester), aber London ist der Mittelpunkt der britischen Musikwelt. Britische Künstler und natürlich auch Stars aus aller Welt geben sich in London die Klinke in die Hand. Ob Madonna für 175 £ im O2 oder The Jezabels für 15 £ im Koko – die Bandbreite ist riesig und die schiere Menge an Angeboten überwältigend. Bei Time Out (www.timeout.com) finden Sie eine Übersicht aller anstehenden Gigs, großer wie kleiner. Wo Sie letztlich landen, hängt natürlich von Ihrem Geschmack und den jeweiligen Künstlern ab, aber hier sind ein paar Tipps für Locations, die etwas reizvoller sind als andere.

Scalping:

Die Zeiten, in denen man sich gemütlich kurz vor Konzertbeginn noch schnell ein Ticket vor der Halle oder dem Stadion kaufen konnte und nur einen Bruchteil des Originalpreises zahlen musste, sind wohl unwiederbringlich vorbei. Der Schwarzhandel ist heute fest in der Hand organisierter Banden, die bei großen Konzerten schon früh ausschwärmen, ahnungslosen Konzertgängern Tickets günstig abkaufen, um sie dann mit Aufschlag weiterzuverticken. Den „Händlern" mangelt es noch dazu an sozialer Kompetenz, sie werden schnell pampig, wenn man ihnen erklärt, dass ihre Mondpreise lächerlich sind. Und doch, es ist nicht unmöglich. 2010 habe ich vorm Wembley Stadium so ungefähr das allerletzte noch verfügbare U2-Ticket zum Originalpreis erstanden. Und 2011 habe ich bei einem Retrokonzert (Journey, Styx, Foreigner) in der Wembley Arena für Spitzensitze sogar 10 £ unterm Normalpreis gezahlt. Wenn man sich innerlich von Schnäppchen verabschiedet, mit Langmut und Gelassenheit unterwegs ist, und wenn man vor allem auch einkalkuliert, ein Konzert eventuell zu verpassen, kann man bei der Ticketjagd erfolgreich sein.

Knightsbridge & Kensington

Royal Albert Hall

S. 32 und S. 164

Bloomsbury & Camden

Electric Ballroom

S. 175

Koko

🚇 **Mornington Crescent** | ✉ **1a Camden High St, NW1 7JE** | www.koko.uk.com

Lebendige Geschichte. 1900 als Camden Theatre eröffnet. Charlie Chaplin trat hier auf, bevor er in Hollywood berühmt wurde. 1913 wurde es zum Kino umgerüstet, 1945 von der BBC als Radiotheater übernommen. Seit 1972 als The Music Machine für Livemusik genutzt, dicht dran an der Punkbewegung mit Gigs von den Sex Pistols und The Clash. 1982 Neuausrichtung unter Steve Strange von Visage mit Auftritten von Grace Jones, Eurythmics und dem UK-Debüt einer jungen Madonna. Nach einer Renovierung ging es 2005 als Koko weiter. Mit Tina Turner und Radiohead, Bee Gees und Bruno Mars, und vielen mehr.

Roundhouse

🚇 **Chalk Farm** | ✉ **Chalk Farm Rd, NW1 8EH** | www.roundhouse.org.uk

Hey hey, my my, Rock'n'Roll will never die. Der Rundbau aus Backsteinen und Gusseisen wurde 1847 für die Reparatur von Lokomotiven errichtet. Von 1966 an gab sich ein Who's Who der Rockgeschichte ein Stelldichein.

Koko

Roundhouse

Pink Floyd, Jimi Hendrix, David Bowie, Rolling Stones, The Doors etc. 1983 wurde nach Pleite dichtgemacht, 2006 mit neuen Investoren wieder eröffnet.

Soho & Covent Garden

100 Club

🔴 **Tottenham Court Road / Oxford Circus** | ✉ **100 Oxford St, W1D 1LL**
www.the100club.co.uk

Der Kellerclub war ursprünglich ein Restaurant, diente während des Zweiten Weltkrieges zeitweilig als Bunker. Legendäre Acts wie Glenn Miller oder Louis Armstrong standen hier schon auf der Bühne. In den Siebzigern war Punk angesagt: Sex Pistols, Clash, UK Subs. Mittlerweile hat sich das Programm bei einem bunten Mix aus allem eingependelt. Viele junge Acts, die man hier noch ganz intim kurz vorm Weltruhm erleben kann. Tickets für 10-15 £.

Ronnie Scott's Jazz Club

🚇 **Leicester Square** | ✉ **47 Frith St, W1D 4HT** | www.ronniescotts.co.uk

Jazz-Saxofonist Ronnie Scott eröffnete seinen Club 1959 in der Gerrard Street, sechs Jahre später kam der Umzug ins heutige Domizil. Größen wie Stan Getz, Sonny Rollins sind hier schon aufgetreten, aber auch Tom Waits oder Van Morrison. Großartige Atmosphäre, tolle Musiker, so träumt man sich einen Jazz-Club. Ideal für Theaterbesucher: Die Late-Late-Show (Eintritt 10 £; Mo–Do 23–03, Fr/Sa 01–03 Uhr) für einen heißes Konzert nach dem Haupt-Act.

Norden

Islington

Union Chapel

🚇 **Highbury & Islington** | ✉ **Compton Terrace, N1 2UN** | www.unionchapel.org.uk

Im richtigen Leben ist die Union Chapel Kirche und Obdachlosen-Center, aber wenn es dunkel wird… Der Gothikbau ist eines der beliebtesten Konzerthäuser

in London, prima Akustik, großartige Atmosphäre. Wilde Rockexzesse werden Sie hier nicht erleben, schließlich sitzt man auf Kirchenbänken. Hier treten Interpreten wie Beth Orton, Kimbra, Patti Smith, Tom Jones oder Glen Hansard auf; Folk, Jazz, Weltmusik. Ticketpreise liegen meist bei etwa 20 £.

Süden

Brixton

Brixton Academy

Brixton | ✉ 211 Stockwell Rd, SW9 9SL | www.o2academybrixton.co.uk

Legendärer Art-Deco-Tempel, in dem schon unzählige Künstler Live-Alben und -videos aufnahmen. 1929 als Astoria Kino und Theater eröffnet, seit 1983 als Brixton Academy Konzerthalle. Im Programm viel Indie und alt-rock, Bands wie Skunk Anansie, The Gaslight Anthem, Arcade Fire, aber auch Nightwish, Motörhead oder The Prodigy. Erfreulich faire Preise (je nach Bekanntheitsgrad schon ab unter 20 £). Der Innenraum ist zur Bühne hin leicht abschüssig, was Frauen und anderen kleinen Menschen den Blick auf die Bühne erleichtert.

The Windmill

Brixton | ✉ 22 Blenheim Gardens, SW2 5BZ | www.windmillbrixton.co.uk

Rustikaler kleiner Club mit einem Rockprogramm, das einen weiten Bogen um Mainstream macht. Sieht von außen wenig einladend aus, von innen eigent-

lich auch nicht, aber das Indie-Punk-Rock-Publikum lässt sich davon nicht stören. Aus irgendeinem Grund verirrt sich aufs Flachdach immer mal wieder ein Hund, was schnell zur Legendenbildung führte. Jetzt gibt es im Lokal „I believe in Roof Dog"-T-Shirts zu kaufen.

Clubs & Nightlife

In Londons Nachtleben gibt es nichts, was es nicht gibt. Die Partyszene ist ständig in Bewegung, neue Clubs öffnen, schließen wieder, sind in und zwei Monate später wieder out. Hier sind ein paar Tipps mit hohem Erlebnisquotienten.

Die freche Muse

www.diefrechemuse.co.uk

Lassen Sie Ihrer Dekadenz freien Lauf. Die freche Muse organisiert Vintage-Partys an wechselnden Orten. Erleben Sie den Hedonismus des Berlins der 20er Jahre, hören Sie authentische Live-Musik, sehen Sie Burlesken und Akrobatik. Vintage-Kleidung ist hochwillkommen.

The Candlelight Club

www.thecandlelightclub.com

Zuspätgeborene, die die Prohibition verpasst haben, können aufatmen. Der Candlelight Club entführt Sie in

die aufregende Welt der Speakeasys. Wo sonst kann man sich noch beim Charleston austoben? Eigens kreierte Cocktails schlürfen? Im Flapper-Look durch die Gegend stolzieren, ohne ausgelacht zu werden? Klar kann das alles etwas prätentiös wirken, aber wenn Sie sich auf die Illusion nicht einlassen wollen, ist vom Besuch ohnehin abzuraten. Infos zur Location gibt es per E-Mail-Verteiler. Eintritt 15,75 £.

Bloomsbury & Camden

Bloomsbury Bowling Lanes

🚇 **Russell Square / Euston Square**
✉ **Bedford Way (im Keller des Tavistock Hotels), WC1H 9EU**

www.bloomsburybowling.com

American Graffiti. Ein Hauch amerikanischer Mittelwesten circa 1955 durchweht die Location. Es gibt tatsächlich acht Bowlingbahnen, darüber hinaus ein American Diner, Karaokeräume, DJs und Live-Konzerte. Rundumversorgung also.

EGG

🚇 **King's Cross** | ✉ **200 York Way, N7 9AX** | www.egglondon.net

House is in the house! Auf drei Ebenen plus riesiger Freiluftterrasse. Gehört zu Londons Spitzenclubs.

Electric Ballroom

🚇 **Camden Town** | ✉ **184 Camden High St, NW1 8QP** | www.electricballroom.co.uk

Unter der Woche wird das Gebäude tagsüber als Indoor-Markt genutzt – wir sind halt in Camden. Aber abends fliegt die Kuh! Konzerte aus dem Indie/Alternative-Bereich (Monster Magnet, Turbonegro) und verschiedene Club Nights: „Sin City" und „Inferno" mit einem Mix aus Goth/Metal/Industrial, jeden Samstag rotieren bei „Shake" die größten Partykracher der 70er, 80er, 90er und Hits von heute auf dem Plattenteller. Eintritt 10 £.

Soho & Covent Garden

Café de Paris

🚇 **Piccadilly Circus** | ✉ **3-4 Coventry St, W1D 6BL** | www.cafedeparis.com

Blaue Samtvorhänge, Kronleuchter, Emporen, eine große Showtreppe – der mondäne Prunk des Hauses hat schon Cole Porter, Marlene Dietrich, Frank Sinatra und gar den Aga Khan angelockt. Da vom Jet Set heute keiner mehr leben kann, dürfen auch

Café de Paris

Touristen ran. Am Wochenende laufen Cabaret-Shows, anschließend ist Party angesagt. Das Publikum ist weder besonders jung noch besonders hip, aber fest entschlossen, Spaß zu haben.

Comedy Store

🚇 Piccadilly Circus / Leicester Square
✉ 1a Oxendon St, W1D 6BP
www.thecomedystore.co.uk

Die Mutter aller Comedy Clubs. 1979 eröffnet und immer noch der Platzhirsch. Allabendlich ein ausgezeichneter Performance-Mix. Tickets zwischen 15-25 £.

Floridita

🚇 Tottenham Court Road
✉ 100 Wardour St, W1F 0TN
🕐 Di-Mi 17:30-02, Do-Sa 17:30-03 Uhr
www.floriditalondon.com

Latino-Sause mit Live-Musik. Wechselnde Bands. Bei Salsa bebt der Tanzflur.

Moonlighting

🚇 Leicester Square
✉ 17 Greek St, W1D 4DR
www.moonlightingnightclub.co.uk

Klassischer Glitzerclub mit günstigen Preisen. Viel RnB, HipHop, Funky

House etc. Londons Antwort auf die Rezession gibt es jeden Mittwoch und Donnerstag bei „Cheapskates" mit Getränken schon ab 1 £.

Soho Theatre

🚇 **Tottenham Court Road / Leicester Square** | ✉ **21 Dean St**
www.sohotheatre.com

2011 schick renoviert. Eine der besten Adressen in London für erstklassige Comedy-Acts und gelegentliche „ernste" Theaterstücke.

Norden

Islington

Fabric

🚇 **Farringdon** | ✉ **77a Charterhouse St, W1D 3NE** | www.fabriclondon.com

1999 eröffnet, seit Jahren einer der beliebtesten Clubs in London (und einer der größten). Drei Säle mit Drum'n' Bass, Deep House, Dubstep und mehr. Leicht zu finden: da, wo die endlos lange Schlange vor der Tür steht.

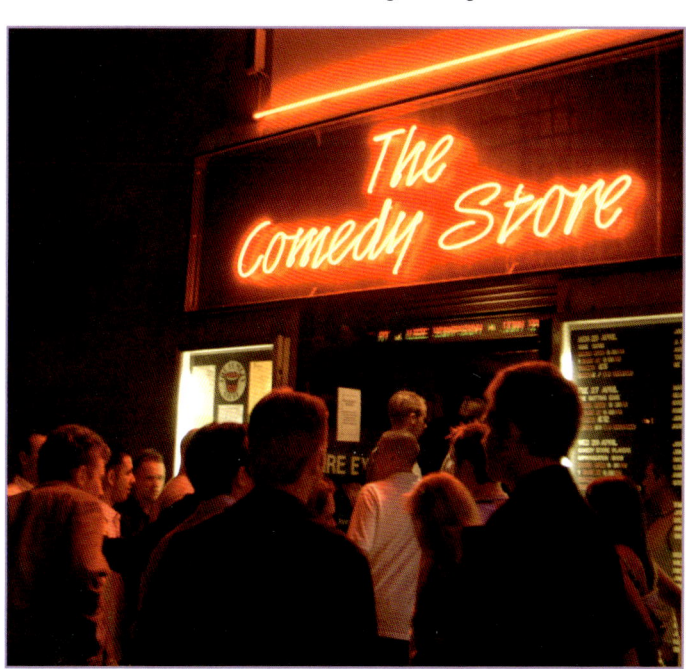

Ministry of Sound

Süden

Newington

Ministry of Sound

🚇 Elephant & Castle | ✉ 103 Gaunt St, SE1 6DP | www.ministryofsound.com

Muss man nicht viel zu sagen, oder? Das Dancemusic-Imperium kennt jeder, und sei es bloß von irgendeiner CD. Der riesige Club mit vier Dance-floors ist immer noch ein Fixpunkt in Londons Nachtleben, wenn ihm nicht doch irgendwann im Rahmen der laufenden Stadtentwicklungsprojekte der Strom abgestellt wird.

Kennington

South London Pacific

🚇 Kennington | ✉ 340 Kennington Rd, SE11 4LD | www.southlondonpacific.com

Aloha! Südseefeeling in Südlondon. Jeden Monat wird der Laden bei „Hula Boogie" (www.hulaboogie.co.uk) zum polynesischen Paradies. DJs heizen mit Gassenhauern der 30er, 40er und 50er Jahre ein, gelegentlich treten passende Bands auf. Authentische Klamotten sind gern gesehen, aber nicht Pflicht. Eintritt 7 £ (mit Bands mehr).

KONSUM

Eat

Das uralte Klischee vom schlechten Essen in England ist längst passé. Gerade in London ist die Menge von Restaurants unterschiedlichster Nationalitäten mit unterschiedlichsten Preis- und Qualitätsniveaus so ausufernd, dass man vom Angebot förmlich überwältigt wird. Wir haben hier eine kleine Auswahl preisgünstiger Lokalitäten zusammengestellt, bei denen man sich anständig verpflegen kann. Für Alternativen checken Sie die einschlägigen Websites (z.B. www.timeout.com/london/restaurants, www.londontown.com/restaurants, www.squaremeal.co.uk, www.hardens.com).

Sandwiches & Supermärkte

Für den kostenbewussten Reisenden stellt eine Stadt wie London mit ihren konstant hohen Speisenpreisen eine Herausforderung dar. Umso willkommener ist das Convenience-Angebot von Snackbars und Supermärkten. Ketten wie **Pret A Manger** (www.pret.com), **Crussh** (www.crussh.com) oder **Eat.** (www.eat.co.uk) bieten ein üppiges Angebot an Sandwiches, Suppen und Salaten. Es gibt Dutzende von Filialen, und da man in den Läden auch sitzen kann, sind sie bei schlechtem Wetter besonders reizvoll. Im Sommer führt kein Weg an Supermärkten vorbei. **Tesco** (www.tesco.com), **M&S Simply Food** (www.marksandspencer.com) und **Sainsbury's Local** (www.sainsburys.co.uk) sind bestens dafür geeignet, sich reichlich mit leckeren Speisen (Wraps, Baguettes, Salate etc.) einzudecken, um dann auf einer nahegelegenen Parkbank gemütlich zu essen. Sandwiches werden überall auf die gleiche Art angeboten: die klassische dreieckige Pappschachtel mit zwei belegten Toastscheiben. Aufs Toast kommt alles, vom typischen Schinken & Mayo bis hin zu ausgefallenen Kreationen mit italienischer Salami und Büffelmozzarella. Die Preise beginnen meist bei 1 £ für etwas Einfaches wie Ei & Brunnenkresse, aufwendigere Varianten schlagen auch schon mal mit mehr als 4 £ zu Buche (gerade bei M&S), meistens jedoch liegt man irgendwo zwischen 1,50 und 3 £ pro Sandwich. Kombiangebote beinhalten ein Sandwich, einen Snack

(Chips oder Schokoriegel) und ein Getränk nach Wahl zum Sonderpreis. Entgegen anderslautender Gerüchte war John Montagu (1718-1792), Earl of Sandwich, nicht der Erfinder der beliebten Brotmahlzeit, wohl aber der (unfreiwillige) Namensgeber: Der Legende zufolge war er eines Tages in ein stundenlanges Kartenspiel vertieft, wollte dieses für die Nahrungsaufnahme nicht unterbrechen, und orderte geschwind sein Rindfleisch zwischen zwei Brotscheiben. Vom „Ich will das, was Sandwich hatte" der Mitspieler blieb irgendwann nur noch „Sandwich" übrig.

TIPP **Spartipp**

Sandwiches sind Frischeware. Das heißt jeden Nachmittag wird die bis dahin nicht verkaufte Ware runtergepreist. Es gibt keine genaue Uhrzeit und jede Filiale handhabt das unterschiedlich, aber es gehört zu den besonderen Glücksmomenten auf meinen Reisen, wenn ich in einen Tesco reinschaue und ein Mitarbeiter gerade mit der Etikettiermaschine durch die Regale geht. Preisnachlässe von 50% sind keine Seltenheit, und da passiert es schnell, dass ich mit drei oder vier Sandwiches aus dem Laden stolpere. Viel zu viel natürlich und das anschließende Völlegefühl bleibt mir den ganzen Abend erhalten. Aber was soll ich machen? Ich LIEBE Sandwiches und habe keinerlei Selbstdisziplin.

Central London

Westminster & St James's

M&S Simply Food

🚇 Green Park | ✉ 78 Piccadilly (Devonshire House), W1J 8AQ
🕐 Mo-Sa 06-23:30, So 09-22 Uhr

Am Eingang zum Green Park, mit direktem Zugang von der Tube.

Tesco Charing Cross Express

🚇 Charing Cross | ✉ 1/4 Charing Cross, SW1A 2DR | Mo-So 0-24 Uhr

Dank zentraler Lage und 24h-Öffnung für hungrige Nachtschwärmer interessant.

Tesco Westminster Express

🚇 Westminster | ✉ Bridge Street (Unit A, Portcullis House, 8/9), SW1A 2JR
🕐 Mo-So 07-23 Uhr

An der Bridge St, gegenüber von Big Ben. Sehr klein und eng, aber ganz praktisch, weil man bloß über die Straße rüber am Parliament Square mit Blick auf Houses of Parliament und Westminster Abbey sitzen kann.

Vincent Rooms | Restaurant

🚇 St James's Park / Victoria
✉ Vincent Square (Westminster Kingsway College), SW1P 2PD | 🕐 Mo-Fr 12-14 Uhr (Sep-Mai), gelegentlich auch abends
www.thevincentrooms.com

Am College werden Köche, Kellner usw. ausgebildet. Die älteren Jahrgänge werden im Restaurantbetrieb unter den wachsamen Augen eines Ausbilders an die Praxis herangeführt. Tolle Gelegenheit, moderne europäische Küche zu probieren, bei Preisen, die deutlich unter denen von „normalen" Restaurants liegen. Für ein Dreigangmenü brauchen Sie kaum mit mehr als 30 £ rechnen. Die jungen Servicekräfte mögen nervös sein, machen ihre Arbeit aber ziemlich gut. An der Wand hängen Bilder ehemaliger Studenten, auch Jamie Oliver ist dabei. Einziger Nachteil: während der Sommersemesterferien (Jun-Aug) ist der Laden dicht.

Knightsbridge & Kensington

M&S Simply Food

🚇 High Street Kensington
✉ 113 Kensington High St, W8 6SA
🕐 Mo-Sa 09-20, So 10-20 Uhr

Oddono's | Eis

🚇 South Kensington | ✉ 14 Bute St,
SW7 3EX | 🕐 So-Do 10-23, Fr/Sa 10-24 Uhr
www.oddonos.com

Von außen unscheinbar, aber drin gibt es mehrfach preisgekrönte Eiscreme. Das Motto des Ladens ist „Life's too short for bad ice cream." Wie wahr. Ab 2,30 £/Portion.

Sainsbury's Local

🚇 Marble Arch | ✉ 55 Bryanston St
(Marble Arch Tower), W1H 7AA
🕐 Mo-So 0-24 Uhr

Nur eine Straßenkreuzung vom Nordosteingang des Hyde Park entfernt – und von Speaker's Corner. Für Unterhaltung ist also gesorgt.

Scoop | Eis

🚇 South Kensington
✉ 16 Old Brompton Rd, SW7 3DL
🕐 Mo-Mi 12-22:30, Do 12-23,
Fr-So 12-23:30 Uhr
www.scoopgelato.com

Gutes Eis ist in London leicht zu finden, mit günstigen Preisen sieht es anders aus. Mit 2,50 £/Portion müssen Sie auch bei Scoop rechnen, dafür gibt es eine Vielzahl von ausgesprochen leckeren Sorten, natürlich alles ohne Geschmacksverstärker oder Konservierungsstoffe.

Tesco Kensington Metro

🚇 Kensington High Street
✉ 146-158 Kensington High St, W8 6SU
🕐 Mo-Fr 06-24, Sa/So 06-22 Uhr

Nur ein paar Schritte von der U-Bahn-Station entfernt und zentral zwischen Holland Park und Kensington Gardens gelegen.

Tesco Old Brompton Road Express

🚇 **South Kensington**
✉ **50/52 Old Brompton Rd, SW7 3DY**
🕐 **Mo-So 0-24 Uhr**

Da es rings um die Museen und die Royal Albert Hall mit Verpflegung eher schlecht aussieht, lohnt sich ein Abstecher. Von der U-Bahn-Station aus ca. 400 m die Old Brompton Rd entlang nach Südwesten.

Mayfair & Marylebone

Golden Hind | Fish & Chips

🚇 **Bond Street** | ✉ **73 Marylebone Lane, W1U 2JN** | 🕐 **Mo-Fr 12-15/18-22, Sa 18-22 Uhr**

Traditioneller Laden mit viel lokalem Publikum. Gibt's schon seit 1914 und auch fast 100 Jahre später ist kein Ende in Sicht. Fish & Chips ab 6,30 £.

ICCO Italian Coffee Co.

Pizza

🚇 **Oxford Circus** | ✉ **46 Goodge St, W1T 4LU** | 🕐 **Mo-Fr 07-23, Sa/So 08-23 Uhr** | www.icco.co.uk

Bei den Studenten der nahegelegenen Unis beliebt. Dünne, meist gut belegte Pizza von 3,50-6 £. Es gibt ein paar einfache Sitzplätze, aber Regent's Park ist

nicht weit, drum ist Takeaway reizvoll.

M&S Simply Food

🚇 **Baker Street** | ✉ **Unit 7 Baker Street Station, NW1 5LD** | 🕐 **Mo-So 07-24 Uhr**

In der Underground-Station.

Meat Liquor | Burger

🚇 **Bond Street** | ✉ **74 Welbeck Street, W1G 0BA** | 🕐 **Mo-Do 12-24, Fr/Sa 12-02, So 12-22:30 Uhr** | www.meatliquor.com

Fleisch ist ein Stück Lebenskraft. Dazu noch etwas Getreide (Brötchen) und Gemüse (Gurke, Salatblatt, Ketchup) – und fertig ist die ganzheitliche Mahlzeit. Das Lokal macht auf modern:

unverputzte Wände, Street Art, wenig Licht und laute Musik. Das Essen aber ist typische US-Diner-Küche. Vor allem natürlich frisch gebrutzelte Burger, schnörkellos auf einem Tablett serviert, mit Küchenrollen statt Stoffservietten. Lassen Fast-Food-Konkurrenz geschmacklich weit hinter sich – auch preislich. Aber ab und an kann man ja mal ein Auge zudrücken.

Polka Gelato | Eis

🚇 **Warren Street** | ✉ **45 Fitzroy St, W1T 6EB** | ⏱ **Mo-Fr 08:30-21, Sa/So 13-20 Uhr** | www.polkagelato.co.uk

Polka und Eis – wie passt das zusammen? Gar nicht. Ist auch egal. Unweit

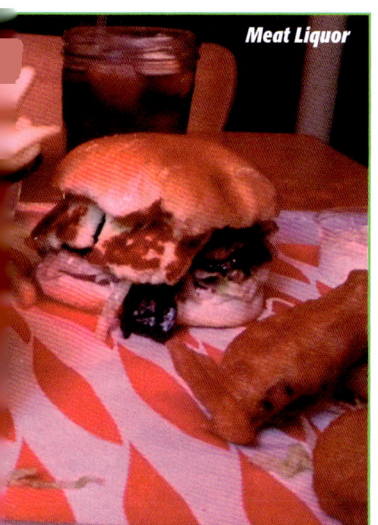

Meat Liquor

des Regent's Park-Südeingangs gibt es hausgemachtes Eis. 2,95 £ für 2 Portionen. Überraschend gut das Erdbeer-Balsamico-Sorbet, zum Reinsetzen: Cassis-Minze.

Scandinavian Kitchen

skandinavisch

🚇 **Oxford Circus** | ✉ **61 Great Titchfield St, W1W 7PP** | ⏱ **Mo-So 11:30-15 Uhr** www.scandikitchen.co.uk

Skandinavien-Shop mit Lunch-Angebot. Täglich frische belegte Brote und Sandwiches, Wraps und Salate. 3 Stück 5,50 £, 5 Stück 8 £. Kuchen für 2,50 £/ Stück.

Sea Shell | Fish & Chips

🚇 **Marylebone** | ✉ **49-51 Lisson Grove, NW1 6UH** | ⏱ **Mo-Sa 12-22:30 Uhr** www.seashellrestaurant.co.uk

Bei Touristen wie Einheimischen gleichermaßen beliebt. Marylebone ist die nächste U-Bahn-Station, aber wenn Sie ohnehin schon Baker Street für ein Date mit Sherlock Holmes oder Madame Tussaud ansteuern, können Sie auch von dort aus bequem hinlaufen. Verschiedene Fischarten, handgeschnitzte Chips. Die große Portion Kabeljau („cod") für 7,20 £ war reichlich, die kleine (4,80 £) hätte wohl gereicht. Mitnehmen ist billiger als dort essen.

Scandinavian Kitchen

Tesco Euston Express

🚇 Great Portland Street
✉ 385 Euston Road, NW1 3AU
🕐 Mo-So 07-24 Uhr

Vom U-Bahn-Aufgang aus müssen Sie bloß die Straße überqueren. Regent's Park ist nur fünf Fußminuten entfernt.

Tesco Marylebone Melcombe Street Express

🚇 Baker Street | ✉ 11-15 Melcombe St, NW1 6AE | 🕐 Mo-So 07-23 Uhr

Gehen Sie von der U-Bahn aus nicht nach links Richtung Madame Tussaud's, sondern nach rechts. Tesco ist nur ein paar Meter entfernt, ebenso wie Regent's Park.

Bloomsbury & Camden

Chin Chin Laboratorists

Eis

🚇 Camden Town | ✉ 49-50 Camden Lock Place, NW1 8AF | 🕐 Di-So 12-19 Uhr
www.chinchinlabs.com

Da bummelt man nichtsahnend durch den Markt und plötzlich sieht man junge Menschen in blütenweißen Laborkitteln werkeln. Arztpraxis? Drogenküche? Aber nein, Europas erster Eissalon mit Flüssigstickstoff. Bei -200 Grad wird das Eis vor Ihren Augen zubereitet. Das Resultat ist ein frisches, cremiges Eis. Von der Konsistenz her mehr Softeis als klassisches Speiseeis, aber eben doch anders. Sehr lecker, es

Chin Chin Labs

wurde eine Freifläche für die Futter-
flitzer reserviert, und jetzt schwärmen
Studenten, Arbeiter und Foodies aus
ganz London von den Leckereien.
Täglich tauchen 4-6 Händler auf, darunter bekannte Gesichter wie der Rib
Man aus der Brick Lane. Von St Pancras
aus Richtung Universität, immer der
Nase nach.

werden auch nur hochwertige Zutaten
verwendet. Mit 3,95 £ pro Portion nicht
billig, aber man muss ja auch den
hohen Erlebniswert miteinrechnen.

Eat St | Street Food

King's Cross | ✉ Kings Boulevard,
N1C 4AA | ⏱ Mo-Fr 11-14:30 Uhr
www.eat.st/kings-cross

Eat St ist ein Zusammenschluss von
rollenden Restaurants, mobilen Imbiss-
buden etc. Beim King's-Cross-Umbau

Masala Zone | Indien

Camden Town | ✉ 25 Parkway,
NW1 7PG | ⏱ Mo-Fr 12:30-15/17:30-23,
Sa 12:30-23, So 12:30-22:30 Uhr
www.masalazone.com

Schon sieben Filialen in London, aber
trotzdem kein Restaurantkettenfutter,
sondern überraschend gute indische
Küche, ordentliche Portionen und faire
Preise.

M&S Simply Food

Goodge Street | ✉ 55 Tottenham
Court Rd, W1T 2EQ | ⏱ Mo-Fr 08-22,
Sa 08-21, So 09-18 Uhr

Tesco Russell Square Express

Russell Square | ✉ 40 Bernard St,
WC1N 1QJ | ⏱ Mo-So 0-24 Uhr

Günstig, weil 24h geöffnet, dicht an der
U-Bahn, nicht weit von Russell Square
und British Museum.

Chin Chin Eis

Masala Zone

Soho & Convent Garden

Ceviche | Peru

🚇 **Leicester Square** | ✉ **17 Frith St, W1D 4RG** | 🕐 **Mo-Sa 12-23:30, So 12-22:15 Uhr** | www.cevicheuk.com

Entspanntes Restaurant in Soho mit – Achtung! – peruanischen Speisen. Nationalgericht ist „Ceviche", in Limettensaft marinierter Fisch mit variierenden Zutaten. Die Preise sind für Soho im Rahmen, Portionen könnten etwas größer sein.

Gelatorino | Eis

🚇 **Covent Garden** | ✉ **2 Russell St, WC2B 5JD** | 🕐 **So-Di 11-21, Mi 11-22, Do-Sa 11-23 Uhr** | www.gelatorino.com

Heißgeliebter Eissalon „hinter" Covent Garden (Ostseite), mit hausgemachten italienischen Köstlichkeiten. Ich liebe „Croccante" (Milchcreme mit Mandelkrokant).

Gelupo | Eis

🚇 **Piccadilly Circus** | ✉ **7 Archer St, W1D 7AU** | 🕐 **Mo-Do 12-23, Fr/Sa 12-01, So 12-22 Uhr** | www.gelupo.com

Vanille, Schoko, Erdbeere – wie langweilig. Bei Gelupo werden täglich 20 Sorten serviert, darunter absonderliches (zum Thronjubiläum 2012 gab es Eis mit Coronation Chicken-Geschmack – ich hab's nicht gewagt), meist aber einfach nur ausgefallene, einfallsreiche Kreationen: Ricotta-Sauerkirsch, Pinienkern-Fenchel, Avocado-Honig.

Natürlich auch Klassiker wie Stracciatella oder Pistazie. Fantastisch frisch die Sorbets. Gerade schwer angesagt: Blutorange! Erfreulicherweise kann man ein paar Sorten probieren, bevor man sich festlegen muss. Bei den Preisen (ab 3 £/Sorte) auch eine Selbstverständlichkeit.

Gino Gelato | Eis

🚇 Charing Cross | ✉ 3 Adelaide St, WC2N 4HZ | ⏱ Mo-Do 07:30-22:30, Fr 07:30-23:30, Sa 10:30-23:30, So 10:30-22:30 Uhr | www.ginogelato.com

Was wäre ein Sommer ohne Eis? Oder ein Winter? Oder eigentlich das ganze Jahr? Gegenüber von Charing Cross, nur einen Katzensprung von Trafalgar Square entfernt, gibt es ausgezeichnete Eiscreme. Die italienischen Betreiber mixen aus besten Zutaten täglich frisches Eis. Mein Favorit: Fior di Latte.

Ceviche

Honest Burgers | Burger

🚇 Tottenham Court Road / Piccadilly Circus | ✉ 4 Meard St, W1F 0EF ⏱ Mo-Do 12-16, 17:30-23, Fr/Sa 12-23, So 12-22 Uhr | www.honestburgers.co.uk

Etwas abseits der Hauptwanderroute überzeugt das kleine 30-Sitze-Lokal schon durch seinen Namen – wer freut sich im Nepperviertel Soho nicht über ein ehrliches Lokal? Die klobigen Burger werden mit handgeschnitzten Pommes serviert, Preise liegen zwischen 6,50 £ (vegetarisch) und 9 £ (Rindfleisch, Zwiebeln, Bacon, Cheddar, Gurke & Salat).

Hummus Bros | Naher Osten

🚇 Oxford Circus / Tottenham Court Road | ✉ 88 Wardour St, W1F 0TH ⏱ Mo-Mi 12-22, Do-Sa 12-23, So 12-21 Uhr www.hbros.co.uk

Schlichte Snack-Bar mit Hummus-Variationen, Topping nach Wahl und Pita-Brot. Preise je nach Variante von 4,70-6,50 £/Portion (klein 3,50-5,30 £).

Malletti | Pizza/Pasta

🚇 Tottenham Court Road | ✉ 26 Noel St, W1F 8GY | ⏱ Mo-Fr 11-16:30 Uhr www.pizzeriamalletti.co.uk

Leckere Pizza vom Backblech, das Stück ab 3,95 £. Probieren Sie auch mal die Focaccia (4,25 £).

Honest Burger

Masala Zone | Indien

🚇 Oxford Circus | ✉ Soho: 9 Marshall St, W1F 7ER | ⏰ Mo-Sa 12-23, So 12:30-22:30 Uhr

🚇 Covent Garden | ✉ Covent Garden: 48 Floral St, WC2E 9DA | ⏰ Mo-Do 12-23, Fr/Sa 23-23:30, So 12:30-22:30 Uhr

www.masalazone.com

Zweimal Indien in Soho.

M&S Simply Food

🚇 Covent Garden | ✉ 107-115 Long Acre, WC2E 9NT | ⏰ Mo-Sa 08-22, So 08-20 Uhr

Sartori | Pizza/Pasta

🚇 Leicester Square
✉ 15-18 Great Newport St, WC2H 7JE
⏰ Mo-So 12-23 Uhr

Pizzas in Soho sind meist traurige Schnittchen, die den ganzen Tag über in Schaukästen künstlich am Leben gehalten werden, bis sich kurz vor Mitternacht ein hungriger Tourist erbarmt und das Pappdreieck mühsam in sich hineinstopft. Sartori hingegen hat einen echten Holzkohleofen, was man sieht und auch schmeckt. Pizzapreise um 10 £ sind kein Schnäppchen, aber mit Lunchmenü- oder 2for1-Angeboten kann man den Preis drücken.

Scoop | Eis

🚇 Covent Garden | ✉ 40 Short's Gardens, WC2H 9AB | ⏰ Mo-Mi 12-22:30, Do 12-23, Fr-So 12-23:30 Uhr

🚇 Piccadilly Circus | ✉ 53 Brewer St ⏰ Mo-Mi 12-22:30, Do 12-23, Fr-So 12-23:30 Uhr | www.scoopgelato.com

Zwei weitere Filialen der Luxuseis-Manufaktur.

Tesco Covent Garden

🚇 Leicester Square / Covent Garden
✉ 22-25 Bedford Street, WC2E 9EQ
⏰ Mo-So 07-24, Sa 07-23, So 12-18 Uhr

Mein Lieblings-Tesco, weil so unglaublich günstig mitten im Theaterdistrikt

Sartori

gelegen. Vom Tesco aus sind es nur ein paar Meter auf der King St Richtung Covent Garden, bevor eine kleine Passage nach rechts in den Garten der St Paul's-Kirche führt, wo es sich auf Parkbänken ausgezeichnet schnabulieren lässt.

Holborn & The City

City Caphe | Vietnam

🚇 Bank | ✉ 17 Ironmonger Lane, EC2V 8EY | ⏱ Mo-Fr 11:30-16 Uhr
www.citycaphe.com

Kleine Gasse zwischen Cheapside und Gresham St. Vietnamesische Baguettes, Suppen und Snacks ab 3,50 £. Mittags viel Andrang & wenig Sitzplätze.

Hummus Bros | Naher Osten

🚇 St Paul's | ✉ 128 Cheapside, EC2V 6BT | ⏱ Mo-Do 11-21, Fr 11-04 Uhr
www.hbros.co.uk

Neue Filiale der Soho-Orientalen mit identischem Angebot.

Paella, Convent Garden

Chili Chicken Salad, Leon

Leon | Global

🚇 Blackfriars | ✉ 12 Ludgate Circus, EC4M 7LQ | ⏱ Mo-Fr 07:30-22, Sa/So 11-16 Uhr | www.leonrestaurants.co.uk

Fast Food für Leute, die kein Fast Food mögen. Leon setzt auf gesunde Zutaten, regionale Lieferanten. Stylish eingerichtet. Gegrillte Fleischbällchen, Aioli-Hühnchen oder Falafel, mit Brot, Salat, braunem Reis etc. Preise je nach Kombi ab 3,50 £ fürs Lunchmenü. Tagessuppe 3,10-3,30 £. Bei durchgängig ordentlicher Qualität taugt jede der mittlerweile 9 Filialen als Pausenstation.

M&S Simply Food

🚇 St Paul's | ✉ 3a One New Change, EC4M 9AF | ⏱ Mo-Fr 07-21, Sa -18, So 12-18 Uhr

Günstig an der Ostseite der St Paul's Cathedral gelegen.

Sainsbury's Local

🚇 St Paul's | ✉ 10 Paternoster Square, EC4M 7DX | ⏱ Mo-So 07-23 Uhr

Direkt auf dem sich an die Nordseite der St Paul's Cathedral anschmiegenden Platz.

Tesco Cheapside London Express

🚇 St Paul's | ✉ Unit 5 Cheapside, EC2V 6EE | ⏱ Mo-So 0-24 Uhr

Nahe der U-Bahn-Station, keine 500 Meter nördlich von St Paul's Cathedral.

Tesco Monument Metro

🚇 Monument | ✉ 6 Eastcheap, EC3M 1AE | ⏱ Mo-Fr 06-24, Sa 08-20, So 11-17 Uhr

Von hier aus sind es nur fünf Minuten zu St Dunstan-in-the-East, der ausgebombten Kirchenruine, die einer der schönsten Rastplätze Londons ist. Folgen Sie Eastcheap und dann der Great Tower Street ca. 200m Richtung Tower, dann nach rechts in die Idol Lane.

South Bank & Bankside

Leon | Global

🚇 Southwark | ✉ 7 Canvey St, SE1 9AN | 🕐 Mo-Fr 08-22, Sa 12-22, So 12-19 Uhr | www.leonrestaurants.co.uk

Hinter der Tate Modern. Gut & günstig.

M&S SImply Food

🚇 Southwark | ✉ Unit 21, 90 Southwark Street, SE1 0HX 🕐 Mo-Fr 07:30-21, Sa 08-20, So 09-19 Uhr

Südlich von Tate Modern.

Sainsbury's Local

🚇 Waterloo | ✉ 101 Waterloo Rd, SE1 8UL | 🕐 Mo-Fr 06:30-24, Sa/So 07-24 Uhr

Gegenüber des Bahnhofs, Nordostseite.

TIPP ## Food Trucks

Seit einigen Jahren ist in London der Trend zu beobachten, dass einen Sommer über an prominenten Stellen in der Stadt Imbisswagen stationiert werden, die – anders als man es kennt und erwarten würde – nicht auf dem untersten Level der Nahrungsaufnahme herumkreuchen, sondern Ausgefallenes, Ausgezeichnetes und Gutes bieten. Manchmal dienen die mobilen Küchen als Testballon; nach einer sommerlichen Probephase wird im Herbst ein „richtiges" Lokal eröffnet. Im Angebot ist buchstäblich alles, was die Welt zu bieten hat – und noch ein bisschen mehr, wie „Gory Gourmet" beweist. Dort werden Hamburger mit Hirn verkauft. Ja, Sie haben richtig gelesen: Hirn! Nicht von Menschen, keine Angst, sondern von Tieren. Grau, leicht gewellt, und für sich genommen nicht besonders geschmacksintensiv, wird es gebrutzelt und kommt mit Tomate und Salat in einen

Burger. Londoner Zombies und Fans derselben begrüßten die Eröffnung, der Rest der Bevölkerung reagierte eher verhalten.
Nichtsdestotrotz, Street Food ist schwer in Kommen, und wenn Sie in London irgendwo einen Wagen sehen, dann fürchten Sie sich nicht vor verschrumpelten Würstchen oder verkohlten Buletten, sondern erwarten Sie Delikates, die Chancen stehen nicht schlecht.

Spianata | Italia

 London Bridge | ✉ 7 More London Place, SE1 2RT | ⏱ Mo-Sa 09:30-16:30, So 11:30-17:30 Uhr | www.spianata.com

Italienische Suppen, Salate und Pasta, aber Hauptattraktion sind die Sandwiches. Italian Style. Auf selbst hergestelltem, knusprigen Pizzabrot. Mit 4-5 £ sind die Sandwiches etwas teurer als die Toastbrot-Varianten, aber Konsistenz und Geschmack sind natürlich auch ein anderes Kaliber.

Greater London

Notting Hill

Arancina | Pizza/Pasta

 Notting Hill Gate | ✉ 19 Pembridge Rd, W11 3HG; Mo-Sa 08-23, So 09-23 Uhr www.arancina.co.uk

Punkte fürs Dekor! Im Schaufenster steht ein orangefarbener Fiat 500. Übersehen kann man die kleine Pizzeria also nicht. Die rustikale Pizza ist hervorragend, aber das wissen die Besitzer auch und verlangen echte Londoner Preise, d.h. Margherita 6,95 £. Die Pizza ist rechteckig und nicht klein (35x20 cm). Wechselnde Mittagsmenüs sind deutlich günstiger.

Dri Dri | Eis

 Ladbroke Grove | ✉ 189 Portobello Road, W11 2ED | ⏱ So-Fr 11-23, Sa 09:30-23 Uhr | www.dridrigelato.com

Klassische italienische Eiscreme, hausgemacht mit organischer Milch. Keine ausgefallenen Kreationen, mehr traditionell, aber sehr lecker. Im Sommer finden Sie einen Verkaufsstand am St Martins Lane Hotel in Covent Garden (45 St Martins Lane).

Beigel Shop, Brick Lane

Stratford

Franco Manca | Pizza/Pasta

🚇 Shepherd's Bush / Wood Lane
✉ Unit 2003, The Balcony
(Westfield Shopping Centre), E20 1EJ
🕐 Mo-Mi 11-21, Do-Sa 11-22,
So 11-18 Uhr
www.francomanca.co.uk

Gilt als eine der besten Pizzas in London. 6 Varianten, organische Zutaten, faire Preise (4,50-6,95 £). Die hausgemachte Limonade (1,90 £/0,25 l) kann die Colasucht nicht ganz ausbremsen, ist aber eine leckere Alternative. Weitere Filialen in Brixton (Unit 4, Market Row) und Chiswick (144 Chiswick High Road).

Square Pie | British

🚇 Shepherd's Bush / Wood Lane
✉ Ariel Way (Westfield Shopping Centre, Balkon, gegenüber Apple Shop), W12 7GA
🕐 Mo-Mi 10-21, Do/Fr 10-22, Sa 09-21, So 12-18 Uhr | www.squarepie.co.uk

Die neuste Dependance der Spitalfielder Pastetenbäcker.

Shoreditch & Spitalfields

Brick Lane Beigel Bake
Snack

🚇 Liverpool Street | ✉ 159 Brick Lane, E1 6SB | 🕐 Mo-So 0-24 Uhr

Großartige Institution. 24h täglich frische Bagel. Mit Frischkäse und Lachs, mit Corned Beef, und mit allerlei mehr. Schnörkellos einfach, immer gut. Ab 1,95 £/Bagel. Überlegen Sie vorher, was Sie bestellen wollen: Die Verkäufer haben in etwa die Geduld und den Charme des Suppen-Nazis in „Seinfeld". Übrigens: Nur ein paar Türen weiter südlich (155 Brick Lane) ist der Beigel Shop eine gute Alternative, wenn die Warteschlange mal wieder zu lang ist. 1855 eröffnet ist er deutlich älter als Beigel Bake, in Sachen Popularität aber nur zweiter Sieger. Angebot, Ambiente und Qualität sind nahezu identisch.

Rib Man

Poppies | Fish & Chips

🔴 Aldgate East / Liverpool Street
✉ 6-8 Hanbury St, E1 6QR | ⏱ Mo-Do 11-23, Fr/Sa 11-23:30, So 11-22:30 Uhr
www.poppiesfishandchips.co.uk

Hinterm Old Spitalfields Market, Richtung Brick Lane, werkelt der alte Pops wieder an der Fritteuse. Kabeljau („cod") oder Schellfisch („haddock") für 6,20 £ regular/7,70 £ large. Viel wird zum Mitnehmen verkauft, aber es gibt ein paar Tische. Der Laden ist schön im Retrodesign eingerichtet, mit Jukebox und Memorabilia aus den 40ern und 50ern.

TIPP Banglatown

🔴 Shoreditch High Street / Aldgate East
www.visitbricklane.org

Nach Hugenotten, Iren und Juden waren es im 20. Jh. vorwiegend Bengalen, die sich in Ostlondon niederließen. Die Brick Lane ist Großbritanniens Curry-Zentrale geworden. Ein bengalisches Restaurant steht neben dem nächsten, die Gegend ist bei Einheimischen wie Touristen so bekannt geworden, dass mittlerweile manche beklagen, alles sei nicht mehr so gut und billig wie früher. Das mag stimmen oder nicht. Fest steht, die Konzentration an „Curry Houses" ist unerreicht und gegen hohe Preise helfen die vielen Sonderangebote. Die Konkurrenz ist groß und so gibt es überall Lunch-Menüs, Aktionen und dergleichen. Kurioserweise hängt fast überall irgendeine „Restaurant of the Year"-Urkunde im Fenster, wobei nicht immer ganz klar ist, von wem und für was genau die Lokale ausgezeichnet wurden.

Square Pie | British

🚇 Aldgate East / Liverpool Street
✉ **105c Commercial St (Spitalfields Market), E1 6BG** | ⏱ **Mo-Fr 10:30-16:30, Sa 10:30-17:30, So 10:30-18:30 Uhr**
www.squarepie.co.uk

Seit 2001 werden hier heiße und kalte gefüllte Pasteten verkauft. Mit Steak & Käse, Lamm & Rosmarin, Minze & Zwiebeln und vielem mehr. Ab 3,90/ Pie.

The Rib Man | Street Food

🚇 Shoreditch High Street
✉ **Brick Lane, E1 6SA** | ⏱ **So 09-15 Uhr**
www.theribman.co.uk

Mark Gevaux, ehemaliger Metzger, serviert deftig eingelegtes und gegrilltes Spar-Rib-Fleisch im Brötchen mit hausgemachten Soßen (5 £). Die „Holy F*ck"-Soße sorgt bei zartbesaiteten Essern für Schnappatmung, die BBQ-Soße ist würzig-lecker. Papierservietten werden gereicht, kluge Leute bringen Frischetücher mit. Eine der besten

Fleischstationen in London (Do auch bei Eat St, King's Cross).

Greenwich

M&S Simply Food

🚇 Cutty Sark | ✉ **55-57 Greenwich Church St, SE10 9EJ** | ⏱ **Mo-Sa 08-22, So 09-22 Uhr**

Gleich links neben dem DLR-Bahnhof, in Sichtweite der Cutty Sark.

Son of Pampa | Dessert

🚇 Cutty Sark | ✉ **Greenwich Market, SE10 9HZ; Di-So 10-17:30 Uhr**
www.sonofpampa.com

Am Eingang des Greenwich Market wird nicht nur argentinisches Barbecue angeboten, sondern vor allem auch Churros. Die „brasilianischen Donuts" sind Fettgebäck, kross frittiert, mit Zimt und Zucker überzogen und Schoko-soße gefüllt. Frisch zubereitet sind sie ein Genuss, der mit 2,50 £ nicht überbezahlt ist.

Drink

Es gibt zwei typische Londoner Flüssigkeitsaufnahmeoptionen. Die erste lässt sich immer werktags zwischen 16 und 18 Uhr beobachten, wenn Londons arbeitende Bevölkerung sich in dichten Trauben in und um Pubs drängelt, um ein oder zwei Feierabendbiere zu genießen. Der zweiten Option haftet etwas leicht Snobistisches an: Der Afternoon-Tea wird nicht bloß getrunken, sondern zelebriert, so dass man sich man sich beinahe in einem Jane-Austen-Roman wähnt. Vor allem aber leistet der Afternoon-Tea dank der dazu gereichten Snacks ausgezeichnete Hilfestellung, um die furchtbar lange Wartezeit zwischen Mittag- und Abendessen zu überbrücken.

Westminster & St James's

Boisdale | Bar

🚇 Victoria | ✉ 15 Eccleston St, SW1W 9LX | ⏰ Mo-Fr 12-01, Sa 18-01 Uhr
www.boisdale.co.uk

Hemmungslos schottisch ohne Angst vor Klischees. Die Whisky-Karte liest sich wie eine Enzyklopädie, zum Teil mit wunderbaren Erklärungen zu Region und Geschichte. Die Zigarrenkarte umfasst 12 (!) Seiten.

Cask | Pub

🚇 Pimlico | ✉ 6 Charlwood St, SW1V 2EE | ⏰ Mo-Sa 12-23, So 12-22:30 Uhr
www.caskpubandkitchen.com

Keine Reise ist lang genug, um sich durch die Hunderten von Bieren aus aller Welt zu trinken, die der mehrfach preisgekrönte Pub in Flaschen oder vom Fass im Angebot hat.

Vista | Bar

🚇 Charing Cross | ✉ 2 Spring Gardens (Trafalgar Hotel), SW1A 2TS
⏰ Mo-Sa 12-01, So 12-24 Uhr
www.thetrafalgar.com/vista-homepage

Die Dachterrasse des Trafalgar Hotels im sechsten Stockwerk ist unbedingt einen Besuch wert. Nicht wegen Speisen und Getränken (durchschnittlich und teuer), sondern wegen des famosen Ausblicks über Trafalgar Square, Big Ben und London Eye. Die Geschäfts-

Vista

leitung verlangt 5 £ Mindestumsatz. Die sind schnell erreicht, da schon ein Wasser 3,75 £ kostet.

Knightsbridge & Kensington

Churchill Arms | Pub

🚇 High Street Kensington / Notting Hill Gate | ✉ 119 Kensington Church St, W8 7LN | ⏰ Mo-Mi 11-23, Do-Sa 11-24, So 12-22:30 Uhr

www.churchillarmskensington.co.uk

An jedem Winkel oder Haken, auf jedem Mauervorsprung des 1750 erbauten Hauses hängt oder steht ein Blumentopf. Das Blütenmeer ist von weitem gut zu sehen. Drinnen gibt es

Bier – logisch, wir sind in einem Pub – und statt Fish & Chips oder Bangers & Mash tatsächlich Thai Food. Touristen finden das Gesamterlebnis reizvoll, aber auch Einheimische kommen gerne, also kann es so abwegig nicht sein.

Kensington Palace Orangery | Afternoon Tea

🚇 High Street Kensington / Queensway ✉ Kensington Garden, W8 4PX ⏰ Mo-So 09-18 (Mar-Sep), 10-17 Uhr (Okt-Feb) | www.hrp.org.uk/Kensington Palace/Foodanddrink/Orangery

Die Orangerie stammt aus dem 18. Jh., ein blütenweißes Schmuckkästchen in den idyllischen Gartenanlagen des Kensington Palace. Tee wird täglich

Churchill Arms

ab 15 Uhr serviert und beinhaltet eine Auswahl von Finger Sandwiches, Scones, Gebäck, Tee oder Kaffee (18,95 £). Luxusvarianten mit Likör oder Champagner kosten natürlich mehr. Qualität ist okay, aber es ist vor allem das Ambiente, das den Besuch so reizvoll macht.

Mayfair & Marylebone

Purl | Bar

🚇 **Bond Street** | ✉ **50 Blandford St, W1U 7HX** | ⏱ **Mo-Do 17-23:30, Fr/Sa 17-24 Uhr** | www.purl-london.com

Das Ambiente ist ganz und gar Retro, Richtung Prohibition und Speakeasy. Aber bei den Cocktails hält die moderne Chemie Einzug. Bei den Drinks

wird gelegentlich auch mit Feuer oder Flüssigstickstoff hantiert. Das Auge trinkt mit.

Bloomsbury & Camden

Booking Office | Bar

🚇 **Kings Cross** | ✉ **Euston Rd (St Pancras Renaissance Hotel), NW1 2AR** ⏱ **Mo-So 10-3 Uhr** www.bookingofficerestaurant.com

Keine schnöde Hotelbar, sondern ein imposanter Bahnhofssaal, weitläufig und mit hoher Decke. Ganz dem viktorianischen Ambiente verpflichtet, gibt es auch bei den Getränken viele authentische Drinks, Punschs und Limonaden zu entdecken. Faszinierend!

Booking Office

Braithwaites | Afternoon Tea

✉ **Camden Lock Market**
www.braithwaitescreamtea.co.uk

Wer beim Nachmittagstee auf Grandeur verzichten kann, hält nach dem

Purl

kleinen, dreirädrigen Lieferwagen Ausschau. Die genauen Termine und Standorte des mobilen „Tea Rooms" finden Sie auf der Website. Cream Tea (Tee von Ringtons und ein frisches Scone) kostet nur 4 £. Ein paar Plastikstühle stehen bereit. Knuffige Alternative zu nobleren Etablissements.

Edinboro Castle | Pub

🔴 **Mornington Crescent / Camden Town**
✉ **56 Mornington Terace, NW1 7RU**
🕐 **Mo-Sa 12-23, So 12-22:30 Uhr**
www.edinborocastlepub.co.uk

Institution in Camden, etwas abseits der Touristen-Trampelpfade. Der Biergarten (200 Plätze) ist im Sommer gut gefüllt. Drinnen schäbiger Chic – Camden halt.

Bar Italia

Soho & Convent Garden

Bar Italia | Café

🚇 Leicester Square / Tottenham Court Road | ✉ 22 Frith St, W1D 4RP
⏱ Mo-So 0-24 Uhr
www.baritaliasoho.co.uk

1949 eröffnet und immer noch in Familienbesitz. Typisch italienische Cafébar, ein bisschen hektisch, die Baristas freundlich, aber ein wenig arrogant. Die Preise sind typisch Soho, d.h. hoch.

Ceviche | Bar

🚇 Leicester Square | ✉ 17 Frith St, W1D 4RG | ⏱ Mo-Sa 12-23:30, So 12-22:15 Uhr | www.cevicheuk.com

Bar & Restaurant in Soho mit – Achtung! – peruanischen Speisen. Nationalgetränk ist „Pisco", ein Destillat aus Traubenmost mit ordentlich Umdrehungen (38-48 %). Wird gerne auch gemixt (z.B. Pisco Sour).

Harp | Pub

🚇 Charing Cross | ✉ 47 Chandos Place, WC2N 4HS | ⏱ Mo 10:30-23, Di-Sa 10:30-23:30, So 12-22:30 Uhr
www.harpcoventgarden.com

Bekannt, beliebt und ausgezeichnet nicht nur für sein handgepumptes Ale, sondern auch für Cider und für Würstchen als Snack.

Lamb & Flag | Pub

🚇 Covent Garden | ✉ 33 Rose St, WC2E 9EB | ⏱ Mo-Sa 11-23, So 12-22:30 Uhr
www.lambandflagcoventgarden.co.uk

Früher hieß der Laden mal „Bucket of Blood". Damals war die Gegend alles

Lamb & Flag

andere als respektabel und es wurden regelmäßig blutige Faustkämpfe veranstaltet. Seit dem 18. Jh. hat sich beim Dekor nicht viel getan, was die zahlreichen Gäste sehr zu schätzen wissen. Wie so viele Pubs wirbt auch Lamb & Flag damit, dass Dickens hier zu Gast gewesen sei, und man wundert sich manchmal wie Dickens vor lauter Pub-Besuchen noch zum Schreiben kam.

Monmouth | Café

Covent Garden
✉ 27 Monmouth St, WC2H 9EU
🕐 Mo-Sa 08-18:30 Uhr
www.monmouthcoffee.co.uk

Seit 30 Jahren Vorreiter gepflegter Kaffeekultur. Großes Lob: Es wird nur organische Vollmilch verwendet, keine fettreduzierte Plörre.

Holborn & The City

Department of Coffee and Social Affairs | Café

🚇 **Chancery Lane** | ✉ **14-16 Leather Lane, EC1N 7SU** | ⏱ **Mo-Fr 07-18, Sa/So 10-16 Uhr** | www.departmentofcoffee.co.uk

Dezente Musik, entspannte Atmosphäre, kleine Snacks, Kuchen und Kekse, Tee in Kännchen – und natürlich guter Kaffee.

Madison | Bar

🚇 **St Paul's** | ✉ **1 New Change, EC4M 9AF** | ⏱ **Mo-So ab 12 Uhr**
www.madisonlondon.net

Bar & Restaurant auf dem Dach eines Gebäudes direkt gegenüber von St Paul's Cathedral mit perfektem Blick auf die riesige Kuppel. Für den Blick zahlt man im Restaurant auch ordentlich (Fish & Chips 17 £). Aber von der Freiluftterrasse der Bar aus kann man sich gar nicht an St Paul's sattsehen.

Ye Olde Cheshire Cheese
Pub

🚇 **Chancery Lane / Temple**
✉ **145 Fleet St, EC4A 2BU**
⏱ **Mo-Sa 10-23, So 12-17 Uhr**

Eine Gaststätte gab es an dieser Stelle schon seit 1538. Nach dem großen Feuer von 1666 wurde der Pub ein Jahr später neu errichtet. Tradition pur. Hier schlürften schon Samuel Johnson und Charles Dickens ihr Lager.

Ye Olde Mitre Tavern | Pub

🚇 **Chancery Lane / Farringdon**
✉ **1 Ely Court, EC1N 6SJ** | ⏱ **Mo-Fr 11-23 Uhr** | www.yeoldemitreholburn.co.uk

1546 erbaut. Kleiner knuffiger Pub inmitten enger Gassen. Dass Elizabeth I. einmal um den Kirschbaum am Eingang getanzt haben soll, verweise ich ins Reich der Legende. Aber vielleicht irre ich mich ja…

Ye Olde Cheshire Cheese

Afternoon Tea

South Bank & Bankside

Rake | Pub

London Bridge | ✉ 14 Winchester Walk, SE1 9AG | ⏱ Mo-Fr 12-23, Sa 10-23, So 12-20 Uhr | www.utobeer.co.uk

Der winzige Pub hat täglich mehr als 100 Flaschenbiere aus aller Welt im Angebot, dazu noch eine Reihe Frischgezapftes.

Swan at the Globe

Afternoon Tea

Southwark / London Bridge
✉ 21 New Globe Walk, SE1 9DT
⏱ Mo-Sa 14:30-16 Uhr
www.loveswan.co.uk

Neben dem Globe Theatre im ersten Stock gelegen und daher mit großartiger Aussicht über Themse, Millennium Bridge und St Paul's Cathedral. Stilvolle Einrichtung, gediegener Nachmittagstee für 19,50 £. Sparangebot: Wenn Sie an der Globe-Kasse die Tea & Tour-Kombi buchen, zahlen Sie für Besichtigung und Tee zusammen 29,95 £ (einzeln 19,50 + 13,50 Tour).

Wine Wharf | Wein

London Bridge | ✉ Stoney St, SE1 1TQ | ⏱ Mo-Mi 17:30-23, Do/Fr 12-15, 17:30-23, Sa 12-23 Uhr
www.winewharf.co.uk

Gehört zu Vinopolis, dem Megaweintempel. Hunderte von Weinsorten aus aller Welt, viele auch per Glas bestellbar und damit gut zu testen. Gleich nebenan ist Beer Wharf, wo sich alles um Gerstensaft dreht (inklusive zweier selbstgebrauter Sorten). Nicht weit davon entfernt ist die Bar Blue, wo es zusätzlich zum Wein noch Drinks und Cocktails gibt.

Norden

Hampstead

Holly Bush | Pub

Hampstead | ✉ 22 Holly Mount, NW3 6SG | ⏱ Mo-Sa 12-23, So 12-22:30 Uhr | www.hollybushhampstead.co.uk

Ideal für eine kurze Einkehr nach dem anstrengenden Hügelauf und Hügelab

Loungelover

von Hampstead. Das malerische Haus ist seit dem frühen 19. Jh. Gaststätte und sieht genauso aus, wie man sich einen Pub vorstellt. Im Winter knistert sogar ein Kaminfeuer.

Spaniards Inn | Pub

🚇 Hampstead (dann Bus 603)
✉ Spaniards Road, NW3 7JJ
⏰ Mo-Sa 12-23, So 12-22:30 Uhr
www.thespaniardshampstead.co.uk

Gibt es seit 1585. Wird bei Dickens („The Pickwick Papers") und Stoker

The Gun

(„Dracula") erwähnt, Byron und Keats dichteten hier schon. Kein Wunder, wenn man im Sommer an einem der Holztische im wunderschönen Garten sitzt, kommt die Poesie wie von selbst.

Osten

Shoreditch

Loungelover | Bar

🚇 Shoreditch High Street | ✉ 1 Whitby St, E1 6JU | ⏰ Mo-Do 18-24, Fr 17:30-01, Sa 12-01, So 12-24 Uhr
www.loungelover.uk.com

Mit Porzellan, Wandteppichen, verzierten Lampenschirmen und viel barockem Kitsch wirkt der Laden fast wie ein überdimensioniertes Puppenhaus. Ein echter Hingucker. Große Getränkeauswahl, Cocktails ab 8 £.

Docklands

The Gun | Pub

🔴 **Canary Wharf** / 🔵 **Blackwall**
✉ **27 Coldharbour, E14 9NS**
🕐 **Mo-Sa 11-24, So 11-23 Uhr**
www.thegundocklands.com

Große Terrasse auf der Rückseite mit Blick über die Themse. Hat schon Admiral Nelson gefallen, der in der Nähe wohnte und angeblich in einem Zimmer im Obergeschoss seine Schäferstündchen mit Lady Hamilton abhielt. Nach Neueröffnung 2004 ist The Gun drin mehr gemütliches Restaurant als uriger Pub.

Greenwich

Old Brewery | Pub

🔵 **Cutty Sark** | ✉ **Pepys Building (Old Royal Navy College), SE10 9LW**
🕐 **Mo-So 11-23 Uhr**
www.oldbrewerygreenwich.com

An die Tourist Information angrenzend. Tagsüber Café, abends Bar und Restaurant. Für Bierliebhaber interessant, denn die Meantime Brewery braut hier eigene Biere, dazu sind internationale Sorten im Ausschank, insgesamt mehr als 50 Biere. Essen ist durchschnittlich und nicht billig. Die Location ist sehr nett, der Raum wird von großen Kupferkesseln dominiert, an der Decke ein Kronleuchter aus blauen Flaschen.

Trafalgar Tavern | Pub

🔵 **Cutty Sark** | ✉ **6 Park Row, SE10 9NG** | 🕐 **Mo-Do 12-23, Fr/Sa 12-24, So 12-22:30 Uhr** | www.trafalgartavern.co.uk

Schrammt knapp an der Touristenfalle vorbei. Essen ist teuer und mittelmäßig. Für Drinks aber wegen der schönen Uferlage empfehlenswert. Ausgezeichneter Ausblick auf Themse und Canary Wharf. Und ja, natürlich hat Dickens auch hier schon gepichelt.

Trafalgar Tavern

Shopping

London gilt seit jeher als Shoppingparadies. Wer immer dieses Gerücht in die Welt gesetzt hat, musste seine Einkäufe wohl nicht selbst bezahlen. Shopping ist in London genauso teuer wie alles andere auch. Immerhin, es gibt kaum was, dass es nicht gibt. Die größte Ladendichte finden Sie in und um Regent Street und Oxford Street mit den großen Flagshipstores internationaler Marken oder Richtung Covent Garden/Long Acre. Stadtviertel wie Notting Hill oder Camden mit ihren eher alternativen Einkaufsmöglichkeiten sind international bekannt. Hier sind ein paar Vorschläge für Einkaufserlebnisse, die Sie so wohl nur in London haben können.

Kaufhäuser & Malls

Harrod's

🚇 Knightsbridge | ✉ 87-135 Brompton Road, SW1X 7XL | ⏱ Mo-Sa 10-20, So 11:30-18 Uhr | www.harrods.com

Mohammed Al Fayeds Konsumtempel ist mehr Touristenattraktion als Kaufhaus. Exklusive Waren werden zu astronomischen Preisen feilgeboten, aber die hereinströmenden Menschenmassen interessieren sich doch nur für die „Food Halls", wo historisch ge(ver-)kleidetes Personal teure Leckereien kredenzt. Pilger wandern ins Untergeschoss, Richtung „Egyptian Escalator", um an der Gedenkstätte für Prinzessin Diana und Mohammeds Sohn Dodi eine stille Träne zu zerdrücken. Wem das noch nicht kitschig genug ist, der möge im Erdgeschoss die Herrenbekleidung aufsuchen (nahe Door #3), wo Dodi und Di als Bronzestatue einen symbolischen Albatros losflattern lassen. Passen Sie auf dem Weg auf, nicht über einen der zahllosen japanischen Touristen zu stolpern. Zur besseren Orientierung schnappen Sie sich einen der kostenlosen „Store Guides".

Fortnum & Mason

🚇 Green Park oder Picadilly Circus ✉ 181 Piccadilly, W1J 9EH, St James's ⏱ Mo-Sa 10-21, So 12-18 Uhr www.fortnumandmason.com

Unterwegs zum Picknick im Hyde Park und Foie Gras ist alle? Kein Problem, hier gibt's schnellen Nachschub. Und keine Sorge wegen der Qualität: Was

Harrod's

gut genug für die Queen ist, ist auch gut genug für Sie. Architektonisch interessant dank geschwungener Treppe und Glaskuppel. Das vielfältige Speiseangebot in den Food Halls ist erstklassig – und beginnt bei Preisen, die gar nicht so viel über denen von M&S oder Tesco liegen.

Liberty

⊖ Oxford Circus | ✉ Regent Street, W1B 5AH | ⏱ Mo-Sa 10-20, So 12-18 Uhr
www.liberty.co.uk

Legendäres Kaufhaus mit Fachwerkfassade, das schon seit Ende des 19. Jahrhunderts existiert. Schwerpunkt Mode, Accessoires und Beauty-Produkte. Viele kleine Räume, gelegentlich eine gepols-

terte Fensterbank oder gar ein Kamin schaffen eine gemütliche Atmosphäre.

Westfield Stratford City

⊖ / ⊖ Stratford | ✉ Montfichet Road, Olympic Park E20 1EJ
⏱ Mo-Fr 10-21, Sa 09-21, So 12-18 Uhr
http://uk.westfield.com/stratfordcity

Londons neuste und größte Shopping Mall wurde rechtzeitig vor der Olympiade im September 2011 eröffnet. Experten und Anwohner streiten sich noch darüber, ob die Mall die Gegend wirklich belebt oder bloß alteingesessenen Unternehmen das Wasser abgräbt. Wie dem auch sei, mit rund 300 Läden, 70 Restaurants, Supermärkten, Kinos und Hotels wird Besuchern eine Menge geboten.

Liberty

Märkte

Alfies Antique Market

🚇 Edgware Road / Marylebone
✉ 13-25 Church St, NW8 8DT | 🕐 Di-Sa
10-18 Uhr | www.alfiesantiques.com

Londons größter Indoor-Markt für Antiquitäten, Vintage-Mode, Retrodekors. Wunderbar anzusehen, preislich allerdings alles andere als von Gestern.

Bermondsey Square Antiques Market

🚇 London Bridge | ✉ Bermondsey Square, SE1 | 🕐 Fr 04-13 Uhr
www.bermondseysquare.co.uk

Angeblich sind die besten Deals gleich morgens um Vier zu machen, aber ganz ehrlich, so wichtig war's mir nicht.

Später gibt es immer noch viel zu sehen: Möbel, Porzellan, Glas, Kunsthandwerk & Klamotten.

Borough Market

🚇 London Bridge | ✉ Southwark Street, SE1 1TL | 🕐 Mo-Mi 10-15 Uhr (Lunch), Do 11-17, Fr 12-18, Sa 08-17 Uhr (Full Market) | www.boroughmarket.org.uk

Schon von weitem dringt dem Southwark-Spaziergänger leckerer Essensduft in die Nase und lässt den Magen hungrig rumpeln. Bereits im 13. Jh. befand sich hier ein Erzeugermarkt. Jetzt drängen sich unter den Bahngleisen auch zahlreiche Essensstände. Speisen aus der ganzen Welt werden feilgeboten, ebenso wie Handgemachtes aus England. Die Vielfalt ist überwältigend. Süß, sauer, würzig,

Borough Market

mild, gebraten, gebacken, glasiert, geröstet, gegrillt – und vieles, vieles mehr! Klasse ist es, gemütlich über den Markt zu schlendern, sich ein leckeres Menü zusammenzukaufen, und dann im Garten der Southwark Cathedral zu picknicken (wenn Sie noch Platz finden, der Garten ist beliebt).

Brixton Market

🚇 Brixton | ✉ London EW1 | ⏱ Mo-So 08-19 Uhr | www.brixtonmarket.net

Gleich neben der U-Bahn-Station, zwischen Electric Avenue, Coldharbour Lane und Atlantic Road zu finden. Die 1982 von Eddy Grant besungene „Electric Avenue" war in den 1880ern Londons erste elektrisch beleuchtete Einkaufsstraße, heute bieten vorwiegend afrikanische und karibische Händler ihre Waren feil. In den angrenzenden Arkaden wird ein Sammelsurium an Klamotten, Kunsthandwerk und vielem mehr angeboten. 2009 wurde die ehemalige Granville Arcade renoviert und als Brixton Village an den Markt angegliedert. Hier locken derzeit 18 Essensstände und kleine Restaurants hungrige Gäste an.

Camden Market

S. 48

Columbia Road Flower Market

🚇 Old Street | ✉ Columbia Rd, E2 ⏱ So 08-14 Uhr | www.columbiaroad.info

Jeden Sonntag verwandelt sich die Columbia Road in ein Blumenmeer. Selbst wenn man nichts kaufen will, macht das Schlendern Spaß. Außerdem gibt es entlang der Columbia Rd mehr als 60 kleine, unabhängige Shops, die

Kunsthandwerk, Klamotten und vieles mehr verkaufen.

Old Spitalfields Market

🔴 Liverpool Street | ✉ 16 Horner Square, E1 6EW | ⏱ Mo-Mi/Fr 09-18, Do 08-19, Sa/So 11-17 Uhr
www.oldspitalfieldsmarket.com

In einer großen viktorianischen Halle untergebracht. Donnerstag ist Antiquitätentag, Freitag Fashion, samstags wechseln die Themen wöchentlich. Ansonsten gibt es bei vielen kleinen Händlern Designerklamotten, Bücher, Schmuck usw. Montezuma's bietet leckere Schokolade-Kreationen, ein gutes Dutzend Restaurants hat für jeden Geschmack etwas.

Piccadilly Market

🔴 Piccadilly Circus | ✉ 197 Piccadilly, W1J 9LL | ⏱ Mo 11-17, Di-Sa 10-18 Uhr
www.piccadilly-market.co.uk

Im Hof von St James's Church gelegen. Montags ist Food Market mit Köstlichkeiten aus aller Welt, dienstags werden Antiquitäten angeboten, Mittwoch bis Samstag Kunst und Kunsthandwerk.

Columbia Street Flower Market

Old Spitalfields Market

finden Sie allerdings ebenso wenig (wurde verkauft) wie den knuffigen Reisebuchladen (hat kürzlich dichtgemacht). Hauptmarkttag ist Samstag, dann säumen bis zu 2.000 Marktstände die Straßen und die Portobello Road wird zum größten Antiquitätenmarkt Englands. Unter der Woche ist deutlich weniger los, aber auch dann gibt es nicht nur alte Möbel, sondern auch alte LPs und CDs, alte Klamotten und moderne Fashion.

Portobello Road Market

Ⓤ **Notting Hill Gate / Ladbroke Grove**
✉ **Portobello Road W11 1LU**
🕐 **Mo-So 09-18 Uhr**
www.portobellomarketlondon.com

Die Portobello Road ist bekannt aus Musik („Portobello Belle", Dire Straits 1978) und Film („Notting Hill", 1999). Die blaue Haustür aus dem Film

Portobello Road

Portobello Road

Daunt Books

Bücher

Freunde originalsprachlicher englischer Literatur sollten ihre Erwartung, London mit einem Extrakoffer billiger, neuer Bücher wieder zu verlassen, ganz vorsichtig zurückschrauben. In der Regel sind die Preise bei Amazon niedriger (und Sie müssen dort nicht selber schleppen oder missmutigen Zollbeamten erklären, was Sie damit anfangen wollen).

Wenn Sie sich aus den Verkaufscharts bedienen wollen, finden Sie in fast jedem Laden Aktionen wie „Buy 1 Get 1" oder „Buy 1 Get 2nd Book for ½ Price". Die Auswahl ist natürlich recht eingeschränkt. Immer wieder Stöbern wert sind Second Hand-Läden oder Oxfam-Filialen. Preis und Zustand der Bücher sind höchst unterschiedlich, vom Bestseller bis zur obskuren wissenschaftlichen Abhandlung ist alles im Angebot.

Daunt Books

🚇 **Baker Street |** ✉ **83-84 Marylebone High Street, W1U 4QW**
🕐 **Mo-Sa 09-19:30, So 11-18 Uhr**
www.dauntbooks.co.uk

Londons schönster Buchladen. Aus der Edwardischen Epoche (Anfang 20. Jh.). Vor allem die riesige Reiseabteilung ist ein Blickfang: zwei Etagen, Galerie mit Eichenholzgeländer, Oberlicht. Gibt zwar keine anderen Bücher als sonst auch, aber die Präsentation ist großartig.

Forbidden Planet

🚇 **Covent Garden / Tottenham Court Road** | ✉ **179 Shaftesbury Avenue, WC2H 8JR** | ⏱ **Mo/Di 10-19, Mi/Fr/Sa 10-19:30, Do 10-20, So 12-18 Uhr**

www.forbiddenplanet.com

Londons Geek-Hauptquartier. Wenn Sie nicht wissen, was ein „Geek" ist, können Sie sich den Weg sparen. Neben den branchenüblichen Comics, Graphic Novels, Mangas, DVDs und Memorabilia gibt es immer wieder Events und Autogrammstunden mit den Stars der Szene.

Foyles

🚇 **Tottenham Court Road**
✉ **113-119 Charing Cross Road, WC2H 0EB**
⏱ **Mo-Sa 09:30-21, So 11:30-18 Uhr**

www.foyles.co.uk

Mittlerweile vier Filialen in London, immer noch unabhängig. Die größte Auswahl findet man im Flaggschiff in der Charing Cross Road, mit Café und Lesungen.

Lovejoys

🚇 **Leicester Square** | ✉ **99A Charing Cross Road, W1T 5JR** | ⏱ **Mo-Sa 10-22:30, So 12-21 Uhr**

Ein kauziger Amerikaner und sein mürrischer Kompagnon betreiben meinen Londoner Lieblingsbuchladen. Den neusten Grisham oder gar Dan Brown finden Sie hier eher nicht, dafür viele Sachbücher über Geschichte, Militärgeschichte, Filme und Hollywood. Außerdem Krimis und vor allem jede Menge Literaturklassiker zu günstigen Preisen. Hier habe ich sämtliche

Sherlock-Holmes-Stories gekauft und letztes Jahr für nur 1,70 £ „The Great Gatsby". Neben Büchern gibt es ein recht umfangreiches DVD-Sortiment, das ebenfalls weitgehend aus Krimis, Klassikern und Raritäten besteht. Der Laden ist klein und eng, natürlich ohne Café oder Sitzecke, ganz so, wie es sein muss.

Oxfam Bookshop

 Tottenham Court Road
✉ Bloomsbury Street, WC1B 3QA
www.oxfam.org.uk

Stellvertretend für ganz viele Filialen (schauen Sie auf der Website). Mehr als 12.000 Bücher, günstige Preise – und alles für einen guten Zweck!

Waterstones

 Piccadilly Circus | ✉ 203-206 Piccadilly, W1J 9HD | ⏱ Mo-Sa 09-22, So 11-19 Uhr | www.waterstones.com

15 Filialen in London, die größte (und damit der größte Buchladen Europas) ist diese. Sechs Etagen voller Bücher, dazu ein Event-Stockwerk und 5th View, die Café-Bar, der Sie des Ausblicks wegen einen Kurzbesuch abstatten sollten.

Food & Drink

Cocomaya

 Marble Arch | ✉ 3 Porchester Place, W2 2BS | ⏱ Mo-Fr 07-19, Sa 08-19, So 08-18 Uhr (Bäckerei), Mo-Sa 10-19, So 11-18 Uhr (Shop) | www.cocomaya.co.uk

Schokoladenmanufaktur und Bäckerei in einem. Dabei wird auf die Optik mindestens ebenso viel Wert gelegt wie auf den Geschmack. Das Auge isst eben mit. Sämtliche Schoko-Kreationen werden ohne Farbstoffe und Konservierungsmittel hergestellt. Klassisch mit Nuss oder Karamell, modern mit

Hope & Greenwood

Hoxton Street Monster Supplies

Sauerkirsch oder Lavendel – die Auswahl ist groß. Torten und Kuchen sind Kunstwerke.

Hope & Greenwood

🚇 Covent Garden | ✉ 1 Russell St, WC2B 5JD | ⏱ Mo-Fr 11-19:30, Sa 10:30-19:30, So 12-18 Uhr
www.hopeandgreenwood.co.uk

Süßigkeiten wie in den 50er Jahren! Bunte Bonbons, Drops, Toffees, Schokoladen, Zuckerwatte und vieles mehr.

The Hoxton Street Monster Supplies

🚇 Hoxton | ✉ Hoxton Street, N1 6PJ ⏱ Di-Fr 13-17, Sa 11-17 Uhr
www.monstersupplies.org

Qualitätswaren für Monster und solche, die es werden wollen. Einer der schönsten Läden in London überhaupt. Hier gibt es so wunderbare Produkte wie „Zombie Fresh Mints" (damit auch Untote frischen Atem haben) oder

eine Dose „Mortal Terror" (eingedoste Bonbons mit einer exklusiven Kurzgeschichte). Alles in wunderbarem, viktorianischem Retro-Design.

Mrs. Kibble's

🚇 Piccadilly Circus | ✉ 57a Brewer St, W1F 9UL | ⏱ Mo-Mi 10-18, Do/Fr 10-19, Sa 11-19, So 12-18 Uhr
www.mrskibbles.co.uk

Retro-Süßigkeiten. Probieren Sie mal die Rhabarber-Karamell-Bonbons (100 g-Tüte 1,25 £).

Ms Cupcakes

🚇 Brixton | ✉ 408 Coldharbour Lane, SW9 8LF | ⏱ Mo/Di 11-18, Mi-Sa 11-19, So 11-17 Uhr | www.mscupcake.co.uk

Im Brixton Market untergebracht. Londons erste komplett vegane Bäckerei ist ganz auf Fünfziger Jahre getrimmt, bis hin zum Outfit der jeweiligen Missus. Zweifler (wie der Autor) werden von Geschmack und Qualität der Kekse und Törtchen schnell überzeugt und langen tüchtig zu.

Neal's Yard Dairy

🚇 Covent Garden | ✉ 17 Shorts Gardens, WC2H 9UP | ⏱ Mo-Sa 10-19 Uhr
www.nealsyarddairy.co.uk

Eine atemberaubende (im wahrsten Sinne!) Auswahl an Käse. Von kleinen

Ms Cupcake & Assistentin

Bauernhöfen in England und Irland gekauft und in eigenen Kellern gereift. Fachkundiges Personal, viele Probiermöglichkeiten.

Postcard Teas

🚇 **Bond Street / Oxford Circus**
✉ **9 Dering St, W1S 1AG** | ⏱ **Mo-Sa 10:30-18:30 Uhr** | www.postcardteas.com

Wenn Tee für Sie nicht mehr ist als ein Beutel mit Pfefferminzgeschmack vom Aldi, dann können Sie sich den Weg zu Tim d'Offeys kleinem Lädchen gerne sparen. Falls Sie jedoch der Faszination des Aufgussgetränks erlegen sind, wird Ihr kleines Herz beim Anblick der Unmengen von Teesorten,

Utensilien und Devotionalien ganz aufgeregt klopfen.

Prestat

🚇 **Green Park** | ✉ **14 Princess Arcade, SW1Y** | ⏱ **Mo-Fr 08-17, Sa 08-14 Uhr**
www.prestat.co.uk

Der Bentley unter den Schoko-Shops. Gediegen und mit viel Tradition. Englands ältester Chocolatier hatte in Roald Dahl („Charlie und die Schokoladenfabrik") einen Fan, der von den Trüffeln nicht genug bekommen konnte. Prestat verweist gerne auf die gesundheitlichen Vorzüge von Schokolade. Wie wahr. „A chocolate a day keeps the doctor away." Oder so…

Rococo

🚇 Knightsbridge | ✉ 5 Molcomb Street, SW1X 8JU | ⏱ Mo-Sa 10-18:30, So 12-17 Uhr | www.rococochocolates.com

Ein Schokoladentraum! Unzählige Variationen! 4,50 £ für eine 70 g-Tafel ist kein Schnäppchen – aber wer sich in den Laden traut, wird sicher schwach werden. Tolles Geschenk: ein handgemaltes Schokoladenkrokodil (17,95 £). Sehr schön ist das MaRocco Gartencafé in maurischem Design, der ideale Ort für eine leckere Tasse Kakao.

Vinopolis

🚇 London Bridge | ✉ 1 Bank End SE1 9BU | ⏱ Do-Sa 12-22, So 12-18 Uhr
www.vinopolis.co.uk

Anscheinend darf Londons bekanntester Weinsupermarkt in keinem Reiseführer fehlen. Na gut: In einem schmucken Backsteinbau unter einem viktorianischen Eisenbahnviadukt existiert seit 1999 im bierverliebten London eine tapfere Rebensaftbastion. Der weitläufige Komplex umfasst mehrere Bars, ein Restaurant, natürlich einen Laden, und als Herzstück das „Weinprobiermuseum". Für Ihr Eintrittsgeld (ab 27 £ – je nach Tour) erhalten Sie eine 10-minütige Einführung in die hohe Kunst des Weinprobierens und eine Chipkarte, die Ihnen 7 Proben an den neuen Zapfautomaten ermöglicht.

Andere Tourpakete beinhalten Whiskey oder Champagner, oder kombinieren Weinprobe und Mehrgangmenü. Wenn Sie Ihren Wein sonst immer beim Discounter im Tetrapak kaufen, werden Sie eine faszinierende neue Welt kennenlernen. Wenn Sie sich hingegen bereits ein klein wenig mit Wein auskennen, werden Sie feststellen, dass Angebot und Qualität der Weine nicht ganz mit dem hochtrabenden Anspruch mithalten können, dass die Weine auffallend oft von den wenigen gleichen Herstellern stammen, und dass Sie all das woanders auch günstiger bekommen können. Nach dem Umbau Ende 2012 ist alles moderner. Aber auch besser?

Mode, Schmuck & Accessoires

Beyond Retro

🚇 Liverpool Street | ✉ 112 Cheshire Street, E2 6E | ⏱ Mo-Sa 10-19, So 11:30-18 Uhr | www.beyondretro.com

Generationen von Studenten, Künstlern und anderen weniger gutbetuchten Menschen haben sich hier schon eingekleidet. In einem ehemaligen Lagerhaus untergebracht gibt es eine Riesenauswahl an Vintage- und Second Hand-Klamotten. Weitere Filialen in Dalston, Soho und Brighton.

Cire Trudon

Button Queen

🚇 **Bond Street** | ✉ **76 Marylebone Lane, W1U 2PR** | ⏱ **Mo-Fr 10-17:30, Sa 10-15 Uhr** | www.thebuttonqueen.co.uk

Londons einziger, komplett auf Knöpfe spezialisierter Laden. Abertausende von alten und neuen Knopfmodellen.

Cire Trudon Boutique

🚇 **Baker Street** | ✉ **36 Chiltern Street, W1U 7QJ** | ⏱ **Mo-Sa 10-18 Uhr**
www.ciretrudon.com

Die älteste Wachsmanufaktur der Welt (seit 1643), und eine der prestigeträchtigsten. Kerzen von Trudon erhellten schon das Versailles Ludwigs XIV. und spendeten Napoleon Licht. Dass sich im Sortiment neben edlen Duftkerzen und Wachsbüsten auch Stinkbomben (!) befinden, überrascht.

Escapade

🚇 **Chalk Farm** | ✉ **45-46 Chalk Farm Road, NW1 8AJ** | ⏱ **Mo-Fr 10-19, Sa 10-18, So 12-17 Uhr** | www.escapade.co.uk

Großartige Auswahl an Kostümen, Masken und Accessoires. Kürzlich war ein schickes Iron Man-Kostüm im Ausverkauf (mit Helm!), für Iron Girls mit Ausschnitt und Minirock. Ob Boba Fett-Helm, Thor-Perücke, oder ABBA-Hosenanzug – es gibt alles. Online-Versand ist übrigens möglich.

Irregular Choice

🚇 Covent Garden | ✉ 35 Carnaby St, WC1 7DP | ⏰ Mo-Mi 10-19, Do-Sa 10-20, So 11-19 Uhr | www.irregularchoice.com

Der Name ist Programm. Erwarten Sie das Unerwartete. Herren werden etwas stiefmütterlich behandelt, Damen hingegen finden eine große Auswahl ungewöhnlich designter Schuhe, Handtaschen, Accessoires.

James Smith & Sons

🚇 Holborn / Tottenham Court Road
✉ 53 New Oxford Street, WC1A 1BL
⏰ Mo/Mi-Fr 09:30-17, Di/Sa 10-17 Uhr
www.james-smith.co.uk

Möglicherweise muss man in England leben, um Regenschirmen eine solche Bedeutung beizumessen, aber die Attraktivität eines handgefertigten Exemplars lässt sich nicht bestreiten. Vielleicht sollte man doch statt einer 5-Euro-Knirps-Kopie einen eleganten „Slim-Rolled London Umbrella" mit Ledergriff (44,95 £) kaufen. Oder gar ein Exemplar mit Sherlock-Holmes-Knauf (85 £). Ein Gentleman von Kopf bis Fuß…

Penfriend

🚇 Piccadilly Circus / Green Park
✉ 34 Burlington Arcade, W1J 0QA
⏰ Mo-Fr 09-18, Sa 09:30-18 Uhr
www.penfriend.co.uk

Tausende von altmodischen und modernen Füllfederhaltern warten auf Mann oder Frau von Welt, die mehr als nur Einkaufszettel damit schreiben wollen. Eher Staatsverträge. Da möchte man fast wieder anfangen Briefe zu schreiben.

Irregular Choice

James Smith & Sons

Size?

🚇 **Oxford Circus** | ✉ **33-34 Carnaby St, W1F 7DW** | ⏱ **Mo-Mi/FrSa 10-19:30, Do 10-20, So 12-18 Uhr** | www.size.co.uk

Gigantische Auswahl an Turnschuhen und Sneakern in neuen und klassischen Designs.

Tatty Devine

🚇 **Liverpool Street** | ✉ **236 Brick Lane, E2 7EB** | ⏱ **Di-So 11-18 Uhr** www.tattydevine.com

Wer sagt denn, dass Schmuck immer langweilig sein muss? Gold, Edelsteine, Perlen – das ist doch alles für Spießer! Bei Tatty Devine finden Sie Schmuck und Accessoires für Leute mit Charakter: Ausgefallene Formen, Farben und Designs, fast alles aus Kunststoff. Vielfach ausgezeichnet und bei Stars und Normalbürgern gleichermaßen beliebt.

Topman

🚇 **Oxford Circus** | ✉ **36-38 Great Castle St, W1W 8LG** | ⏱ **Mo-Sa 09-21, So 11-21 Uhr** | www.topman.com

Young Professionals, Hipster und überhaupt alles, was männlich und modisch ist, kleidet sich hier ein. Mehrmals im Jahr werden neue Designerkollektionen vorgestellt. Am besten aber ist die Sockenabteilung. Lachen Sie nicht. Wenn Sie immer nur weiße Sportso-

cken im Zehnerpack kaufen, verstehen
Sie das natürlich nicht. Aber die Auswahl an fantastisch bunt gemusterten
Socken ist grandios und das Jahr hat
gar nicht genug Tage, um alle gebüh-
rend aufzutragen.

Beatles Store

Musik

Beatles Store

🚇 **Baker Street** | ✉ **231/233 Baker Street NW1 6XE** | ⏰ **Mo-So 10-18:30 Uhr**
www.beatlesstorelondon.co.uk

Sollte man eigentlich unter Sightseeing listen, nicht unter Shopping, denn bei den Apothekenpreisen, die hier für profane Dinge wie Poster, T-Shirts, Pantoffeln, Manschettenknöpfe oder Kühlschrankmagnete verlangt werden, kann ein unbedachter Einkauf dramatische Folgen für die Reisekasse haben. Aber kucken kostet nix und es ist schon unglaublich, was hier für ein Krimskrams angeboten wird.

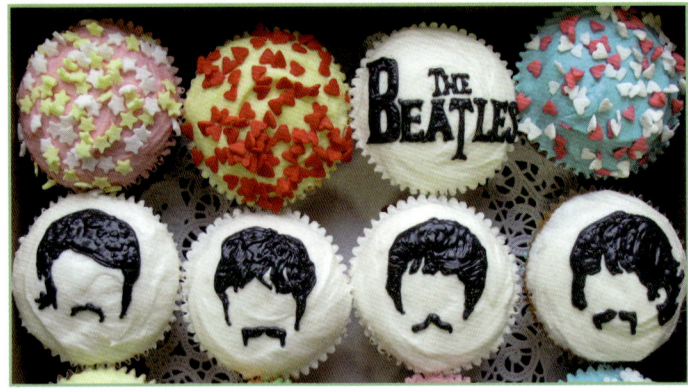

Hobgoblin

🚇 **Tottenham Court Road** | ✉ **24 Rathbone Place, W1T 7PY** | www.hobgoblin.com

Riesige Auswahl an Akustik- und Folkinstrumenten. Flöten, Fiedeln, Harfen, Trommeln etc. Oder kaufen Sie einen Dudelsack, dann können Sie versuchen, jeden Sonntag die Tatort-Titelmelodie mitzuspielen, bevor Sie weiter Tonleitern üben. Ihre Nachbarn werden es Ihnen danken…

Rough Trade East

🚇 **Liverpool Street** | ✉ **Old Truman Brewery (Dray Walk), E1 6QL, 91 Brick Lane** | 🕐 **Mo-Do 08-21, Fr 08-20, Sa 10-20, So 11-19 Uhr** | www.roughtrade.com

Aus nostalgischen Gründen müsste man eigentlich den Original-Shop in der Talbot Road (Notting Hill) besu-

chen, denn dort begann alles. Zuerst als kleiner Plattenladen, seit 1978 auch als Label. 2007 wurde mit der Eröffnung der Brick Lane-Filiale der überfällige Schritt ins 21. Jahrhundert vollzogen. Eine imposante Auswahl an CD und Vinyl, Café und Livebühne. Hier können Sie zukünftige Stars noch vor ihrem YouTube-Hype erleben. Allemal einen Stopp wert.

Spielzeug

Hamleys

🚇 **Oxford Circus** | ✉ **188-196 Regent Street, W1B 5BT** | 🕐 **Mo-Fr 10-21, Sa 09:30-21, So 12-18 Uhr**
www.hamleys.com

Fünf laute, laute Stockwerke voll Kinder und Spielzeug. Fantastische Auswahl. Großer Trubel.

Rough Trade East

ALBUM OF THE MONTH
ALLO DARLIN

ROUGH TRADE
E A S T

INFORMATION

Anreise

mit dem Flugzeug:

Der schnellste und einfachste Weg. Lufthansa, Air Berlin, Ryanair – die Auswahl an Fluglinien ist groß, die Zahl der Abflughäfen ebenso. Wenn Sie mit Handgepäck auskommen, sind die Billig-Airlines interessant. Klassische Carrier verlangen für Koffer keine Extragebühr und haben den Vorteil, London-nähere Flughäfen anzusteuern. Insgesamt sollte Ihr Flug nur etwa 100 € kosten, Flughafentransfer nicht inbegriffen. Wenn Sie irgendwo in der Pampa wohnen und erst einmal einen halben Tag zu Ihrem Abflughafen reisen müssen, haben Sie in Sachen Urlaub ohnehin die A-Karte gezogen, aber das wissen Sie sicher schon.

Heathrow:

Londons größter Flughafen (32 km westlich). Mit der Tube (Piccadilly Line) in ca. 45 min zu erreichen, Einzelfahrt kostet 4 £ (Heathrow ist in Zone 6). Wenn es mal schnell gehen muss, können Sie auf den *Heathrow Express* (www.heathrowexpress.com) ausweichen. Für 14,50 / 15,50 £ kommen Sie in 15 Minuten vom Flughafen zum Paddington-Bahnhof. *Heathrow Connect* verkehrt ebenfalls zwischen Heathrow und Paddington (Einzelfahrt 9,10 £, Fahrtdauer ca. 25 min). Wenn Sie unbedingt möchten, können Sie auch den Bus nehmen. Für 4 £ fährt Sie der *National Express* (www.nationalexpress.com) in 40-90 min zur Victoria Coach Station. Ein *Nachtbus* (N9) fährt 0:00-5:30 Uhr alle 30 min zum Trafalgar Square.

Taxifahrten schlagen mit ca. 40 £ zu Buche.

City:
Mein Lieblingsflughafen. Klein, nah, fast nur von Geschäftsreisenden (und dem gelegentlichen Reisebuchautor) genutzt. In Zone 3 gelegen, ist man mit DLR (Docklands Light Rail) und Tube in 15-20 min in der City. Entweder mit DLR bis Canning Town und dann weiter mit der Jubilee Line, oder DLR bis Tower Gateway für District und Circle Line, oder DLR bis Bank für Northern Line.

Gatwick:
45 km südlich von London. Am schnellsten mit der Bahn *(Gatwick Express)* zu erreichen. Für 14,90 / 26,80 £ (Einzel/Retour) geht es im 15-Minuten-Takt vom Süd-Terminal in 30 min zur Victoria Station (www.gatwickexpress.com). Ein paar Minuten langsamer sind die Züge der *Southern Railway* (8,90 £, www.nationalrail.co.uk). Der *Thameslink* fährt etwa alle 30 min, steuert für 9,80 £ die Bahnhöfe London Bridge, Blackfriars und King's Cross an (Fahrtdauer ca. 40 min).

Einen günstigen Transfer bietet *easy-Bus* (www.easybus.co.uk). Ab 2 £ (4 £ Retour) kommen Sie in einer guten Stunde nach London (Earl's Court). Die günstigen Preise gibt's aber nur für Frühbucher, ein Ticket beim Fahrer kostet einfach 10 £. Auch die National Express-Busse steuern Gatwick an: 6,60 / 11,40 £, Endstation Victoria Coach Station, einige Zwischenstopps, Fahrtdauer ca. 105 min.

Luton:

56 km nordwestlich von London. Am einfachsten gelangt man mit *easyBus* in die Stadt (Fahrtdauer ca. 80 min.), Endstation Victoria Station. Eine Alternative sind die *Green Line 757* Busse (www.greenline.co.uk). Für 16 /23 £ geht es zur Victoria Coach Station.

Mit dem *Zug* kommen Sie in 50 min für 10,90 £ vom Bahnhof Luton Airport Parkway nach London (www.nationalrail.co.uk). Sie müssen allerdings erst mal vom Flughafen zum Bahnhof. Ein regelmäßiger Shuttle-Service braucht knappe 10 min für die Strecke.

Stansted:

64 km nordöstlich von London. Auch hier verkehrt easyBus zu den bereits genannten Tarifen. Alternativ dazu steht der *National Express* (www.nationalexpress.com) zur Verfügung. Fahrtdauer ca. 105 min, Kosten 10 / 16 £. Um nicht den ganzen Tag im Bus zu verbringen, sollten Sie vielleicht etwas mehr Geld ausgeben und den Zug nehmen. Der *Stansted Express*

(www.stanstedexpress.com) verkehrt alle 15 min und braucht für die Strecke nach London nur etwa 50 min. Kosten: 21,50 / 29,50 £.

mit dem Zug:

Es ist nicht der Orient Express, aber trotzdem: Eine Bahnfahrt hat immer noch ein gewisses Flair. Und bequemer, als im überfüllten Billigflieger Bekanntschaft mit den verschwitzten Achseln des Sitznachbarn zu machen, ist es allemal. Eine direkte Verbindung der Deutschen Bahn nach London gibt es leider noch nicht (man plant ganz vorsichtig mit 2015), derzeit geht die Fahrt mit dem ICE nach Brüssel, von dort aus weiter mit dem *Eurostar* unterm Kanal durch nach London. Die Fahrt dauert sechs (Köln) bis sieben (Frankfurt) Stunden. Endstation in London ist der Bahnhof St Pancras.

Wenn man frühzeitig bucht (maximal drei Monate im Voraus), kann man Hin- und Rückfahrt bereits für 49,- € ergattern. Sollte das Billigkontingent der Bahn jedoch ausgeschöpft sein, zahlen Sie schnell das Doppelte und mehr. Mehr Infos unter www.bahn.de.

mit dem Bus:

Die Firma Eurolines bzw. deren deutsche Tochter *Touring* (www.touring.de) bietet tägliche Verbindungen nach London an. Die Preise starten bei 42 €, je nach Buchungsdatum landet man schnell bei über 100 €. Aber ganz ehrlich: Wollen Sie wirklich 14 Stunden im Bus sitzen?

mit dem PKW:

Mal eben mit der eigenen Karre nach London düsen? Vergessen Sie's. Das ist weder preislich noch zeitlich eine Alternative.

Unterwegs in London

London ist groß. Riesengroß. Mehr als acht Millionen Menschen leben auf einer Fläche von über 1.500 Quadratkilometern. Auch ohne Verkehrsstaus muss man genügend Zeit einplanen, um von A nach B zu gelangen. Die meisten London-Besucher bewegen sich fast ausschließlich in einem Gebiet, das in etwa der Route der U-Bahn Circle Line entspricht. Das heißt vom Regent's Park (Norden) bis South Bank (Süden) und vom Hyde Park (Westen) bis zum Tower of London (Osten). Dort befinden sich die meisten Theater und Sehenswürdigkeiten.

Travelcard / Oyster Card

Um sich in London unbeschwert bewegen zu können, ohne finanziellen Ruin zu riskieren, empfiehlt sich der Kauf von Oyster und/oder Travelcard. Das Streckensystem ist in sechs Zonen unterteilt. Da Sie mit Zone 2 bis nach Greenwich kommen, werden Sie sich kaum außerhalb von Zone 1 und 2 bewegen (Ausnahmen wie Heathrow, Wembley oder Wimbledon bestätigen die Regel).

Oyster Card

Die Oyster Card ist eine Magnetkarte, die Sie mit einem Guthaben aufladen. Die Ausstellung einer solchen Karte kostet 3 £ „Aktivierungsgebühr". Halten Sie die Karte an U-Bahnhöfen oder in Bussen ans Lesegerät, der Fahrtpreis wird automatisch abgebucht. Mit der Oyster erhalten Sie immer einen günstigeren Preis als mit Einzeltickets. Zum Beispiel kostet ein Einzelticket in Zone 1-2 4,50 £, mit der Oyster nur 2,80 £ peak bzw. 2,10 £ off-peak („peak" bezeichnet die Hauptverkehrszeiten Mo-Fr von 06-09 und 16-19 Uhr). Für Zone 1-6 zahlen Sie statt 5,50 £ nur 5,00/3,00 £ pro Fahrt. Ganz gleich wie viele Fahrten Sie pro Tag unternehmen, der Gesamtbetrag wird automatisch beim Preis einer Tageskarte (1-Day-Travelcard) gedeckelt, so dass Sie nie mehr als 8,40 £ (Zone 1-2) bzw. 15,80 £ (Zone 1-6) zahlen. Da Sie flexibel zahlen („pay as you go"), können Sie sich innerhalb der 6 Zonen frei bewegen, anders als bei der Travelcard, bei der Sie sich im Voraus für eine Zone entscheiden müssen. Aufladen („top up") können Sie Ihre Oyster an über 3.700 Oyster Ticket Stops. Restguthaben verfällt nicht, Sie können die Karte auch nach

Jahren wieder nutzen. Und die Oyster ist nicht personengebunden, kann also auch von anderen benutzt werden.

Travelcard

Die Travel Card ist ein klassisches Papierticket mit Magnetstreifen. Es gibt 1-Tageskarten für Zone 1-2 (8,80 £ peak, 7,30 £ off-peak), Zone 1-4 (11,00/8,00 £) und Zone 1-6 (16,40/8,90 £). 7-Tageskarten für sämtliche Zonen von 1-2 (30,40 £) bis 1-6 (55,60 £). 7-Tageskarten sind immer „peak", es gibt kein „off-peak". Wenn Sie eine Travelcard für Zone 1-2 haben, aber einen Trip nach Wembley (Zone 4) oder Heathrow (Zone 6) unternehmen, müssen Sie einen neuen Einzelfahrschein kaufen, ein Upgrade Ihrer Travelcard ist nicht möglich. Travelcards sind immer nur für ein bestimmtes Datum bzw. einen bestimmten Zeitraum gültig und verfallen danach.

Welche Karte ist die richtige?

Eine reine Rechenaufgabe. Wie lange bleiben Sie, wie oft fahren Sie, und wohin? Da man als Tourist normalerweise locker auf drei bis vier Fahrten pro Tag kommt (eher mehr), ist die 1-Day Travelcard bei Kurzaufenthalten von bis zu drei Tagen die beste Wahl. Bereits ab vier Tagen Aufenthalt rechnet sich die 7-Day Travelcard, Sie sparen so die 3 £ Aktivierungsgebühr der Oyster. Der Vorteil der Travelcard ist, dass man

nicht über Guthaben oder Aufladung nachdenken muss. Die Oyster Card ist dann die bessere Alternative, wenn Sie definitiv weniger Fahrten antreten oder sich partout nicht vorher entscheiden können, was Sie eigentlich unternehmen wollen.

Auch eine Kombination aus beiden Karten kann sinnvoll sein. Benutzen Sie eine Travelcard Zone 1-2 fürs tägliche Sightseeing und eine Oyster für Trips jenseits von Zone 1-2 und die Fahrt zum Flughafen (Heathrow/City). Das hängt ganz davon ab, was Sie in London vorhaben. Die Aktivierungsgebühr ist jedenfalls schnell eingespart.

Karten kaufen

Mit etwas Glück werden Sie in Neckermann-Reisebüros und Dertour-Filialen fündig. Ebenso bei den Ticketschaltern von Gatwick und Stansted Express und den National Express-Bussen. Aber warum die Mühe? Warum Schlange stehen? Bestellen Sie online. Klicken Sie sich auf der Transport-for-London-Website (www.tfl.gov.uk) Richtung Tickets bzw. Visitor Tickets und ordern Sie nach Herzenslust.

Auf eigene Faust

U-Bahn (Tube)

Das gut ausgebaute und leicht zu verstehende U-Bahn-Netz stellt den Reisenden vor keine zu große Herausforderung. Die U-Bahn-Linien tragen Namen wie *Circle, Bakerloo* oder *Picadilly* und sind auf den Fahrplänen farblich gekennzeichnet. Um Ihr Ziel zu erreichen, brauchen Sie dann noch den Namen der Endstation und die ungefähre Himmelsrichtung, in die Sie unterwegs sind. Wenn Sie beispielsweise vom Oxford Circus Richtung Süden zum Waterloo Bahnhof fahren wollen, begeben Sie sich zur *Southbound Platform* und hören auf die magischen Worte *„Next train: Bakerloo line to Elephant & Castle."*

Elephant & Castle ist in diesem Fall die Endstation, Waterloo kommt ein paar Stationen früher. Überall dort, wo Sie sich für eine Himmelsrichtung entscheiden müssen, hängen praktische Schilder, auf denen alle kommenden Bahnhöfe der jeweiligen Tube-Linie vermerkt sind. Anzeigetafeln an den Plattformen zeigen die Ankunftszeiten der nächsten einlaufenden Züge an. Das ist vor allem dann hilfreich, wenn eine Bahn völlig überfüllt ist. Wenn die nächste nur zwei, drei Minuten entfernt ist, lohnt sich das Warten.

Ein paar Linien fahren unterschiedliche Routen. Achten Sie auf die jeweilige Endstation, um auch am richtigen Bahnhof anzukommen. Und vergessen Sie nicht, Ihr Ticket bis zum Verlassen des Bahnhofs aufzubewahren, sie brauchen es, um durch die Schranke nach draußen zu kommen.

Dockland Light Rail (DLR)

Fährt meist oberirdisch und verbindet die Docklands und Greenwich mit dem Tube-Netz. Sämtliche Fahrkarten, Oyster- und Travelcards sind gültig. Die DLR fährt vollautomatisch, d.h. es gibt keine Fahrerkabinen. Wenn Sie also ganz vorne einsteigen, können Sie mit Panoramablick durch die Docklands fahren.

Bus

Das Bus-Netz ist mindestens so gut ausgebaut wie das Tube-Netz, bloß etwas schwieriger zu verstehen. An den Haltestellen werden keine festen Uhrzeiten angegeben, sondern nur die Intervalle, in denen eine Buslinie ankommt (z.B. alle 6-8 min oder so). Nehmen Sie sich einfach etwas Zeit, um einen Fahrplan zu studieren. Haben Sie den Kniff einmal raus, sind Busse eine interessante Alternative – vorausgesetzt, Sie meiden die Stoß-zeiten (ca. 08-10 und 16-19 Uhr) oder bringen viel Geduld mit, denn während der Rush Hour stehen die Busse im Innenstadtbereich so häufig im Stau, dass Sie sogar zu Fuß schneller sind. Dafür sieht man in den Bussen was von der Stadt. Rein in den Doppeldecker, hoch auf die Panoramasitze ganz vorne – und los geht das Sightseeing! Interessante Routen sind #9 und #15 (Ost-West-Route vom Tower vorbei an St Pauls und Trafalgar Square Richtung

Hyde Park), #168 (London Eye, Covent Garden, British Museum) oder #RV1 (über die Tower Bridge und Tate Modern Richtung Covent Garden). #9 und #15 sind noch alte Routemaster-Busse, die klassischen, rundlichen Doppeldecker mit Einstieg hinten.

Im Gegensatz zur Tube verkehren Busse auch nachts. Von Knotenpunkten wie Waterloo oder Trafalgar Square fährt bestimmt auch in Ihre Richtung ein Nachtbus.

Einzeltickets kosten 2,20 £ (und müssen meist vor der Fahrt gekauft werden, der Fahrer führt kein Geld mit sich). Travelcards werden beim Fahrer vorgezeigt, Oyster Cards ans Lesegerät gehalten. Kostenlosen Fahrplan und Liniennetzkarte finden Sie in den Tourist Offices, vielen U-Bahnhöfen und an der gutsortierten Infotheke Ihres Hotels/ Hostels, oder zum Ausdrucken online (http://www.visitlondon.com/maps/ travel_maps/index).

Taxi

Die Londoner Taxis („black cabs") werden regelmäßig zu den besten der Welt gewählt. Kein Wunder: Bevor man sich hinters Steuer klemmen darf, muss man einen rigorosen Test („the knowledge") bestehen. Dementsprechend kennen die Londoner Cabbies jeden Winkel und immer den schnellsten Weg. Da schon die Einsteigegebühr 2,20 £ beträgt, sind Taxis für Einzelrei-

sende eigentlich zu teuer. Wenn man jedoch mit Freunden das Nightlife erkundet, sind die Taxis mit Platz für bis zu fünf Personen eine willkommene Alternative.

Anstelle eines Black Cabs können Sie auch ein „Minicab" nehmen. Minicabs sind generell billiger, dafür ist die Qualität der Fahrer nicht immer garantiert. Nutzen Sie auf jeden Fall nur ein lizensiertes Minicab (Plakette an Front- und Heckscheibe).

Boot

Niemand wird London mit Venedig verwechseln, und das allerschnellste Verkehrsmittel ist so ein Kahn auch nicht. Aber eine Bootsfahrt bietet ungewöhnliche Perspektiven, und wenn das Wetter mitspielt sollte man wenigstens einmal eine Tour unternehmen, vorzugsweise nach Greenwich. Mit Thames Clippers (www.thamesclippers.com) sind Sie für 6 £/Einzelfahrt unterwegs (Travelcard-Nutzer zahlen nur 4 £, Oyster-Card-Nutzer erhalten 10% Rabatt). Eine Tageskarte, mit der Sie beliebig oft aus- und zusteigen können, kostet 13,60 £ (Travelcard 9, 10 £, Oyster 10% Rabatt). Thames River Services (www.thamesriverservices.co.uk) hat die Greenwich-Kreuzfahrt für 10 £/ Einzelfahrt bzw. 13 £/Rückfahrticket im Angebot. Oyster- und Travelcard-Nutzer erhalten Rabatt in Höhe von 1/3 des Ticketpreises. Oft dabei, aber nicht garantiert, ist ein launiger Live-Kommentar während der Fahrt, der bekannte und unbekannte Geschichten zu den vielen Sehenswürdigkeiten am Ufer bietet.

Fahrrad

London ist keine sehr fahrradfreundliche Stadt. Es gibt nur wenige Radwege und der Verkehr auf den Straßen ist Radfahrern gegenüber unbritisch rücksichtslos. Das soll Sie nicht entmutigen, nur vorwarnen. London auf dem Drahtesel zu erkunden kann eine Menge Spaß machen. Sie müssen ja nicht gerade am Piccadilly Circus vorbeiradeln. Meiden Sie den Berufsverkehr. Besser noch: Fahren Sie sonntags,

dann kann Ihr Trip eine Spazierfahrt werden, keine Hetzjagd.

Fahrrad mieten:

Es gibt jede Menge Unternehmen, die Räder vermieten. Zu den etablierten (und günstigsten) gehören *The London Bicycle Tour Company* (www.londonbicycle.com), *On Your Bike* (www.onyourbike.com), *Velorution* (www.velorution.com) oder *City Bike Service* (www.citybikeservice.co.uk). Helme und Schlösser werden gestellt. Die Preise liegen je nach Unternehmen zwischen 15 und 20 £ pro Rad/Tag (Kaution wird mittels Kreditkarte gestellt). Für einen Tagestrip z.B. entlang der Themse nach Greenwich genau die richtige Wahl.

„Boris Bikes":

Am 30.07.2010 wurde das *Barclays Cycle Hire*-System in Betrieb genommen, 5.000 Räder an 315 Docking-Stationen im Kernbereich Londons. Wegen der vielen Werbung, die Londons Bürgermeister Boris Johnson dafür machte, wurden die Räder von den Londonern teils liebevoll, meist spöttisch „Boris Bikes" getauft. Für uns London-Besucher eine prima Gelegenheit, die müden Füße bei einer Spazierfahrt durch den Hyde Park zu schonen. Und so funktioniert's: An jeder Docking Station befindet sich ein Touchscreen. Dort können Sie auswählen, ob Sie den Service 24 Stunden (1 £) oder 7 Tage (5 £) nutzen wollen. Sie zahlen mit Ihrer Kreditkarte (mit PIN). Nach erfolgter Zahlung druckt der Automat einen fünfstelligen Code aus, mit dem Sie Ihr Fahrrad auslösen können. Bevor Sie losfahren, überprüfen Sie kurz Ihr Rad. Hier der Clou: Die Service-Gebühr (1 £/5 £) müssen Sie auf jeden Fall zahlen. Aber danach sind die ersten **30 Minuten gratis.** Wenn Sie Ihr Rad also rechtzeitig bei einer Docking Station abgeben, entstehen keine weiteren Kosten. So können Sie im Prinzip den ganzen Tag für 1 £ Rad fahren, vorausgesetzt, Sie wechseln alle 29 Minuten das Gefährt (5 min Wartezeit beim Radwechsel sind obligatorisch). Dabei gilt es zu beachten, dass es Docking Stationen fast nur in Zone 1 gibt und man gerade erst beginnt, Richtung Osten zu erweitern. Außerdem kann es vorkommen, dass a) wenn man ein Rad mieten will natürlich gerade die

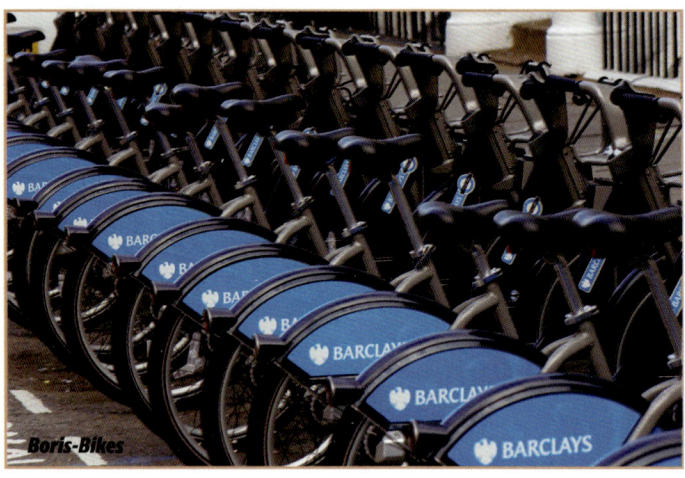

Boris-Bikes

Docking Station leer ist, oder b) wenn man ein Rad nach 29 min zurückgeben will natürlich gerade die Docking Station belegt ist. Planen Sie entsprechend. Sollten Sie tatsächlich einmal über 30 min liegen, keine Panik: von 30 min bis 1 Stunde zahlen Sie auch bloß 1 £. Ein Schloss haben die Räder übrigens nicht. *Don't lock it, dock it.* (www.tfl.gov.uk)

Geführte Touren

mit dem Bus

Als erfahrener London-Reisender hat man sich angewöhnt, mit kaum verhohlener Verachtung auf den gewöhnlichen Touristenpöbel herabzublicken, der tausendfach besuchten Trampelpfaden folgt, anstatt auf eigene Faust zu erkunden. Man muss jedoch fairerweise zugeben, dass eine Stadtrundfahrt auf dem offenen Deck eines Doppeldeckerbusses etwas für sich hat. Drei Meter überm Asphalt ist man losgelöst von Autoaufkommen und Fußgängergewimmel und kann sich ganz aufs Schauen konzentrieren. Zwei Gesellschaften buhlen um Kundschaft: *The Original London Sightseeing Tour* (www.theoriginaltour.com) und *Big Bus Tours* (www.bigbustours.com). Beide bieten im Prinzip die gleichen Leistungen zum gleichen Preis an: 1 Tag lang beliebig oft zu- und aussteigen, 1 Bootsfahrt (bis nach Greenwich),

3 geführte Spaziergänge zur Auswahl. Preis: 27/26 £ (Online-Tickets sind billiger, aber nicht wettersicher). Die Routen unterscheiden sich nur marginal, alle wichtigen Sehenswürdigkeiten werden angefahren. Ein Farbencode verrät Ihnen, ob Sie einen Bus mit Live-Kommentar oder mit Tonkonserve haben. Wenn Sie auf deutschen Ton verzichten können, wählen Sie lieber den Live-Kommentar, der ist in der Regel lebendiger und unterhaltsamer. Und falls Ihr Guide ein Langweiler ist, wechseln Sie einfach den Bus. Um bei den relativ hohen Preisen das Maximum an Leistung auszuschöpfen, sollten Sie den Bus wirklich nur für die Rundfahrt nutzen (eine komplette Tour dauert 2-2 ½ Stunden) und die zweite Tageshälfte für die Bootsfahrt reservieren (rüstige Reisende können zwischendurch noch einen der Spaziergänge mitnehmen – sorgfältiges Timing vorausgesetzt). An den nächsten Tagen bleibt noch genug Zeit, um sich alle Sehenswürdigkeiten in aller Ruhe anzusehen. Und da wir ja alle Oyster- oder Travelcard-Nutzer sind, können wir sämtliche Ziele bequem einzeln ansteuern.

mit der Ente

Doch, Sie haben richtig gelesen. *London Duck Tours* (www.londonducktours.co.uk) kutschiert Sie in einem knallgelben Amphibienfahrzeug durch London und über die Themse. Start ist hintern London Eye. In 75 min sehen Sie ein paar der wichtigsten Highlights wie Big Ben, Piccadilly Circus oder Trafalgar Square, bevor es bei Vauxhall ins Wasser geht. Hop On, Hop Off ist naheliegenderweise nicht möglich. Tickets für die Standard-Tour kosten 21 £. Für 24 £ locken die James Bond Tour (alles über 007) oder D-Day Duck (London und der 2. Weltkrieg). Die Guides legen sich schwer ins Zeug, insgesamt sind die Touren eher auf Familien mit Kindern ausgerichtet. Einzelreisende Erwachsene werden die Schirmmütze tief ins Gesicht ziehen wollen, um nicht von Freunden oder Geschäftskollegen erkannt zu werden.

mit dem Fahrrad

Geführte Radtouren sind ein wunderbarer Weg, London aus einer anderen Perspektive kennenzulernen. Die Guides kennen die besten Wege, um dichten Autoverkehr zu vermeiden, und wissen genug amüsante und informative Geschichten, um die Fahrt nicht langweilig werden zu lassen. *The London Bicycle Tour Company* (www.londonbicycle.com) ist wohl das bekannteste Unternehmen, und bietet 6 verschiedene Touren an. Neu ist die Olympics Tour (29,95 £). In gut sieben Stunden geht es vorbei an der Tate Modern, Tower Bridge, Docklands zum Olympia Park (nur von außen), Lunch-

stop am Westfield Shopping-Center, zurück am Regent's Canal. Viele Radwege, wenig Straßen. Andere Touren dauern nur 2,5-3,5 Stunden (18,95-21,95 £). *Spoke ´n Motion* (www.guidedbiketourlondon.com) hat drei Touren im Angebot. Weniger klassisches Sightseeing, vielmehr „Hidden London" oder „Deserted City". Preise von 18-24 £, dafür ist ein Drink nach der Tour inklusive. Statt der sonst üblichen Mountain Bikes werden Brompton Bikes verwendet, moderne, hippe Klappräder. *Fat Tire Bike Tours* (www.fattirebiketours.com) führt Sie für 18 £ durchs „Royal London". *BrakeAway Bike Tours* (www.biketouroflondon.com) hat neben der klassischen „Grand London Tour" auch zwei ungewöhnlichere Angebote parat: „Secret London" und „Sins of the City". Letztere ist ein bisschen auf Grusel getrimmt (mit durchwachsenem Erfolg).

zu Fuß

Auf Schusters Rappen lässt sich jede Stadt am besten erkunden. *London Walks* (www.walks.com) ist der Platzhirsch und zu recht. Dutzende, wenn nicht Hunderte von verschiedenen Walks stehen zur Auswahl. Natürlich auch die unvermeidliche (und unglaublich populäre) Jack-the-Ripper-Tour. Die Guides sind oft Blue Badge zertifiziert, sind Schauspieler, Journalisten etc. Sie müssen nichts im Voraus reservieren. Einfach am Treffpunkt auftauchen, 9 £ direkt beim Guide löhnen, los geht's. Weniger abwechslungsreich, aber dafür kostenlos, ist es bei *Sandemans* (www.newlondon-tours.com). Täglich 11 und 13 Uhr vom Wellington Arch (Ecke Hyde Park) zu den Houses Of Parliament. Trinkgeld ist willkommen, aber nicht obligatorisch. Eine Tour der ganz anderen Art finden Sie bei *Unseen Tours* (www.sockmobevents.org.uk). Jeden Freitag 19 Uhr, Sa/So 15 Uhr führen speziell ausgebildete Obdachlose auf fünf verschiedenen Touren durch London. Kostenfaktor 10 £.

London Pass

Der London Pass (www.londonpass.com) ist eine Sightseeing City-Card, die Ihnen kostenlosen Eintritt ohne Schlangestehen bei mehr als 55 der Londoner Sehenswürdigkeiten ermöglicht und bei einigen ausgewählten Unternehmen, Restaurants etc. kleinere Rabatte garantiert. Um den London Pass jedoch sinnvoll zu nutzen, müssen Sie zwei gänzlich unpopuläre Dinge tun: Planen und Rechnen.

Den Pass gibt es für 1 (47 £), 2 (64 £), 3 (77 £) oder 6 (102 £) Tage, und man sollte pro Tag schon mindestens drei Sehenswürdigkeiten besuchen, um die Kosten für den Pass wieder reinzuholen. Zu den Highlights zählen Tower of London, Westminster Abbey, St Paul's Cathedral, Tower Bridge Exhibition und eine Themse-Bootsfahrt. Allein diese fünf Ziele kosten zusammen 70 €. Ich hatte mir für meinen ersten London-Trip einen 6-Tages-Pass zugelegt und meine Tage mit Besichtigungen vollgepackt, so dass ich am Ende für die Einzeltickets deutlich mehr als das Doppelte hätte bezahlen müssen. Zur Freude über das gesparte Geld kam dann noch das wohlige Gefühl, etwas Besseres zu sein, da ich an Orten wie Windsor Castle oder Tower of London nicht wie gewöhnliche Menschen Schlange stehen musste, sondern am Plebs vorbei durch den für London-Pass-Inhaber reservierten Eingang stolzieren konnte…

Am besten, Sie schauen sich auf der Website sämtliche Ziele an und überlegen, was Sie unbedingt sehen wollen, was Sie vielleicht interessiert, und was Sie realistisch in der Ihnen bleibenden Zeit schaffen können. Die Wimbledon-Führung z.B. dauert bloß knappe anderthalb Stunden, aber mit An- und Abfahrt geht ein halber Tag drauf.

Bedenken Sie weiterhin, dass manche Attraktion nicht im London Pass enthalten ist, wie z.B. London Eye oder Buckingham Palast, oder ohnehin nichts kostet, wie z.B. die großen Museen (British Museum, Tate, Natural History usw.).

Übernachtung

Im Großraum London gibt es mehr als 100.000 Hotelzimmer, irgendwo ist immer was frei. Für die Zwecke dieses Buches lassen wir aber Luxusadressen wie das Ritz oder das Savoy außen vor und konzentrieren uns auf Unterkünfte am unteren Rand des finanziellen Spektrums.

Hostels:

Das beste Preis-Leistungsverhältnis bieten Hostels. Über verschiedene Webseiten (www.hostelworld.com, www.hostelbooker.com, www.hostels.com) finden Sie alles, was die Stadt zu bieten hat. Mit Infos, Fotos, Wegbeschreibungen und – ganz wichtig – Bewertungen. Wenn ein Hostel bei 50% Gesamtbewertung herumdümpelt, sollte man sich eine Buchung genau überlegen. Hostels in Flughafennähe sind zwar oft preisgünstig, aber wenn man eine Stunde unterwegs ist, um überhaupt erst in die Stadt zu gelangen, lohnt sich das eher nicht. Achten Sie auf eine gute Verkehrsanbindung. Taxis sind teuer, Tube ist Trumpf.

Ob Sie in einem Einzelzimmer mit eigenem Bad landen oder in einem 28-Bett-Schlafsaal mit Dusche auf dem Flur – hier sind ein paar **Tipps:**

1. Nehmen Sie ein Vorhängeschloss mit. Safety Locker sind fast überall vorhanden – aber immer ohne Schloss. Und vor Ort mieten ist teuer.

2. Besorgen Sie sich einen Adapter für die englischen Steckdosen, damit Sie auch immer schön iPod, iPad, iPhone usw. aufladen können.

3. Bettwäsche ist oft inklusive, Handtücher nie. Bringen Sie selber welche mit.

Palmer's Lodge Swiss Cottage

*Palmer's Lodge
Swiss Cottage*

YHA London Central

🔴 **Great Portland Street** | ✉ **104-108 Bolsover St, W1W 5NU** | www.yha.org.uk

Das Flaggschiff der offiziellen Jugend-herbergsorganisation (YHA). Groß, modern – und ein wenig steril. Dafür schafft man es notfalls in 15 min zu Fuß zum Oxford Circus. Achtung: Wer nicht YHA-Mitglied ist, zahlt 3 £ extra pro Nacht (Mitgliedschaft kostet 15,95 £ (9,95 £ unter 26), lohnt sich also bei genug Nächten; kann man gleich beim Check-In beantragen). Nochmal Achtung: Alles, aber auch wirklich Alles kostet extra: Frühstück, Internet (nur Wi-Fi ist gratis), Gepäckaufbewahrung etc.

Palmer's Lodge Swiss Cottage

🔴 **Swiss Cottage**
✉ **40 College Crescent, NW3 5LB**
www.palmerslodges.com

In einem viktorianischen Gebäude untergebracht, mit ganz viel Hostel-

Charme. Einfaches Frühstück inklusive (Croissant, Toast, Marmelade, Kaffee, Tee, Milch, Müsli). 5 PCs fürs Internet, wenn aber gerade ganze Schulklassen ihr Facebook updaten, wird's eng. Keine Angst vorm 28-Bett-Schlafsaal: bienenwabenähnlich auf zwei Ebenen verschachtelt, bietet er annähernd so viel Privatsphäre wie ein 4- oder 6-Bett-Zimmer.

Clink78

🚇 **King's Cross / Angel**
✉ **78 King's Cross Rd, WC1X 9QG**
www.clinkhostels.com

In diesem ehemaligen Gerichtsgebäude standen „The Clash" mal vor Gericht.

Heute dürfen Sie in ehemaligen Zellen nächtigen. Alcatraz-Flair kommt jedoch nicht wirklich auf. Die Zimmer sind modern und bunt eingerichtet. Frühstück ist inklusive. Die „Clashbar" bietet täglich ab 19 Uhr Entertainment, DJs und gelegentliche Konzerte.

St Christopher's

mehrere Häuser
www.st-christophers.co.uk

Die Partymeile unter den Londoner Hostels. Eher für Junge, Junggebliebene und generell Lärmunempfindliche. Der nächste Pubcrawl ist nie lange hin, und wer gerne viele neue Freunde kennenlernen möchte, ist hier gerade richtig.

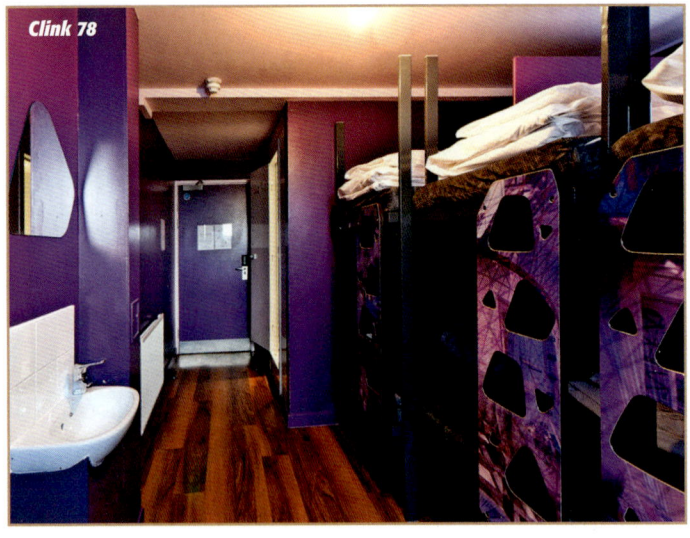

Clink 78

St Christopher's, Southwark

Safestay

 Elephant & Castle | ✉ 144-152 Walworth Road SE17 1JL | www.safestay.co.uk

Erst im Sommer 2012 eröffnet. Gitterkästen unterm Bett als Stauraum, jedes Bett hat eigene Lampe und Vorhang. Frühstück inklusive (wenn auch ein sehr einfaches). Nicht unbedingt die schönste Gegend Londons, aber nicht übermäßig weit von South Bank und Westend entfernt. Fünf Minuten zur U-Bahn.

Hotels:

Über einschlägige Hotelbuchungs-Websites (z.B. Agoda) finden Sie immer wieder relativ günstige Doppelzimmer (ab 50-60 EUR). Der Komfortlevel ist höchst unterschiedlich, von Kuschelparadies bis Flohzirkus ist alles drin.

Easy Hotel

mehrere Häuser | www.easyhotel.com

Ähnlich wie bei Etap oder Motel One werden schnörkellos einfache Zimmer geboten. Wer auf Fenster verzichten kann (man kommt ja sowieso nur zum Schlafen), startet bei 35 £ – und die Plastikverschläge mit Nasszelle haben einen futuristisch-sterilen Charme, dem man sich nur schwerlich entziehen kann…

Tune Hotel

🚇 **Lambeth North |** ✉ **118 Westminster Bridge Road, SE1 7RW**

🚇 **Shoredirch High Street |** ✉ **13-15 Folgate Street, E1 6BX |** www.tunehotels.com

Beide Häuser liegen verkehrsgünstig nahe U-Bahn-Stationen. Moderne, einfache Zimmer, schön sauber. Preise variieren je nach Buchungsdatum. Mit Glück ergattern Sie ein Zimmer schon für 25 £, meistens liegen Sie bei 50-75 £/Zimmer. Alle Extras (TV, Handtücher etc.) kosten extra. Da die Zimmer recht hellhörig sind, sollten Empfindliche über Ohrenstöpsel nachdenken.

The Pavilion Fashion Rock'n'Roll Hotel

🚇 **Edgware Road |** ✉ **34-36 Sussex Gardens, Hyde Park, W2 1UL | EZ ab 60 / DZ ab 100 £ |** www.pavilionhoteluk.com

Sie suchen das Besondere? Herzlich Willkommen! Die 30 Zimmer des Hotels sind mit überbordendem Fashion- und Antik-Kitsch ausgestattet und tragen Namen wie „Honky Tonk Afro Room" oder „Enter The Dragon". Stars und Sternchen aus Musik, Film und Mode frequentieren das Haus gerne (wenn nicht zum Übernachten, dann zumindest für Fotosessions). Ungewöhnlicher werden Sie in London kaum nächtigen können.

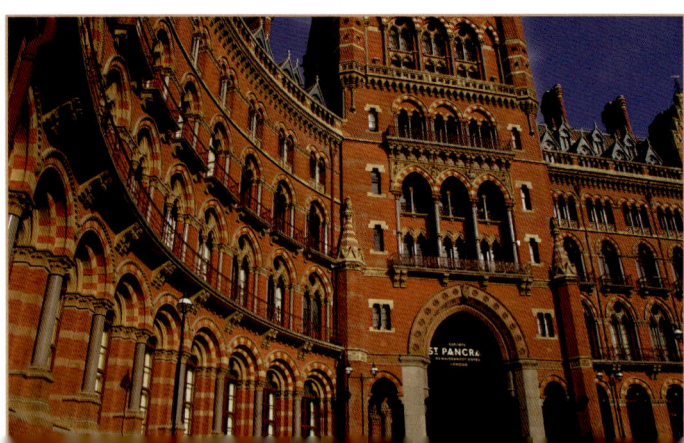

Easy Hotel

London House Hotel

🔵 Bayswater | ✉ 81 Kensington Gardens Square, W2 4DJ
EZ ab 62 / DZ ab 75 £
www.londonhousehotels.com

Gute Lage nahe Notting Hill. Einfache, aber nett eingerichtete Zimmer mit Plasma-TV. Das Frühstücksbüffet kostet extra.

Amsterdam Hotel

🔵 Earl's Court | ✉ 7 Trebovir Rd, SW5 9NH | **EZ ab 55 / DZ ab 75 £**
www.amsterdam-hotel.com

Gute Lage nahe Earl's Court. 27 moderne Zimmer in zwei viktorianischen Stadthäusern. Frühstück inklusive.

Arran House Hotel

🔵 Goodge Street | ✉ 77-79 Gower Street, WC1E 6HJ | **EZ ab 75 / DZ ab 95 £**
www.arranhotel-london.com

Mehr B&B als Hotel. Unweit des Britischen Museums gelegen. Einfache Zimmer, Frühstück inklusive.

The Alhambra Hotel

🔵 Kings Cross | ✉ 17-19 Argyle Street, WC1H 8E | **EZ ab 64 / DZ ab 75 £**
www.alhambrahotel.com

Das Flair eines maurischen Königspalastes sucht man hier zwar vergebens, findet aber einfache, saubere Zimmer zu für Londoner Verhältnisse fairen Preisen. Frühstück inklusive.

Wissenswertes

Einreise

Für EU-Bürger genügt ein gültiger Personalausweis oder Reisepass. Ein Visum ist nicht nötig. Impfungen sind nicht vorgeschrieben.

Ermäßigungen

Studenten (mit internationalem Ausweis) erhalten auf viele Eintrittspreise Nachlass, ebenso Rentner und Behinderte.

Feiertage

Good Friday (Karfreitag), **Easter Monday** (Ostermontag), **May Day Holiday** (erster Montag im Mai), **Spring Bank Holiday** (letzter Montag im Mai), **Summer Bank Holiday** (letzter Montag im August), **Christmas Day/Boxing Day** (25./26. Dezember), **New Year's Day** (1. Januar)

Anders als bei uns kommt in London das öffentliche Leben an Feiertagen nicht völlig zum Erliegen. Viele Geschäfte haben trotzdem geöffnet (wenn auch mit eingeschränkten Öffnungszeiten), der ÖPNV fährt (meist nach Sonntagsfahrplänen).

Geld

Wenn Sie eine EC/Maestro-Card und eine Kreditkarte mitnehmen, sind Sie für alle Eventualitäten gerüstet. Geldautomaten gibt es immer und überall. Auch das Geld für den Transfer von Flug- und Bahnhöfen kann man sich bequem vor Ort ziehen. Reiseschecks lohnen den Aufwand nicht.

Stadtplan

A-Z Street Atlas oder Collins bieten Taschenbücher mit Spiralbindung an. Das gesamte Stadtgebiet mit Randbezirken ist enthalten, Straßenverzeichnis inklusive. Für Komplettisten interessant, aber leider sind die Karten etwas unübersichtlich gestaltet. Und man schleppt ein Buch herum, obwohl man 90% der Infos gar nicht braucht. Laminierte Stadtpläne sind ganz praktisch, wenn man sie studiert, während man mit fettigen Fingern Fish & Chips isst. Ansonsten sind sie eher unhandlich. Falk oder Michelin haben natürlich auch für London Stadtpläne im Angebot. Aber ganz ehrlich, eigentlich genügt fast immer der gewöhnliche 1 £-Stadtplan, den Sie bei jeder Tourist Information bekommen. Londons Innenstadt, Greenwich & Windsor, Detailkarte des West End, klar und übersichtlich, mit hervorgehobenen Sehenswürdigkeiten. Im Innenstadtbereich können Sie im Notfall sogar ohne eigene Karte auskommen, da in regelmäßigen Abständen Hinweisschilder und Stadtpläne aufgestellt wurden.

Strom

In England beträgt die Stromspannung 240 V Wechselstrom (50 hz). Sie benötigen für Ihre Elektrogeräte also einen Adapter. Kaufen Sie zuhause, ist billiger.

Tourist Information

Tourist Information Centres (TICs) finden Sie u.a. nahe St Paul's (St Paul's Churchyard), im 2. OG der Tate Modern (Tate Modern, Level 2, Bankside), am Leicester Square oder in Greenwich (Pepys House, 2 Cutty Sark Gardens).

Versicherung

Die europäische Krankenversicherungskarte (EHIC) berechtigt zu einer kostenlosen medizinischen Behandlung. Darüber hinaus lohnt es sich generell, eine Reisekrankenversicherung abzuschließen, über die Notfälle wie Krankenrücktransport etc. abgedeckt sind. Die Notfallversorgung des National Health Service ist grundsätzlich kostenlos.

Zeit

In London gehen die Uhren anders. In vielerlei Hinsicht. Auf jeden Fall gilt die Greenwich Mean Time (GMT), die eine Stunde hinter der MEZ hinterherhinkt. Sommerzeit dauert von März bis Oktober.

Zoll

Für die Einfuhr von Alkohol und Tabakwaren nach England gibt es im Prinzip keine Einschränkungen, sofern die Ware für den Eigengebrauch bestimmt ist. Ähnlich ist es bei der Rückreise nach Deutschland. Wobei die festgesetzten Richtmengen für Flugreisende eher absurd sind. So z.B. dürfen Sie bis zu 110 Liter Bier mit zurück nach Deutschland bringen. Verstauen Sie das mal bei Ryanair im Handgepäck…

Inspiration

Keine Vorbereitung ohne Vorfreude. Hier sind ein paar Filme, Bücher, Songs und Websites zur Einstimmung auf Ihren Traumurlaub.

Film

28 Days Later (Danny Boyle, 2002)
Lohnt sich schon für die Anfangssequenz, in der Cillian Murphy zur dramatischen Musik von Godspeed You Black Emperor durchs postapokalyptische London wandert.

An American Werewolf in London (John Landis, 1981)
Horror und Humor, mit spektakulären Szenen in der U-Bahn und am Piccadilly Circus.

Anonymous (Roland Emmerich, 2011)
Wer schrieb Shakespeares Stücke wirklich? Und wer schreckte vor nichts zurück, um die Wahrheit zu vertuschen? Emmerichs Thriller ist historisch ziemlich fragwürdig, aber vergnüglich.

Und sein düsteres elisabethanisches London ist sehenswert.

Blow Up (Michelangelo Antonioni, 1967)
Verbrechen im London der „Swinging Sixties", und ein junger Eric Clapton ist mit seinen Yardbirds auch dabei.

Elizabeth (Shekhar Kapur, 1998)
Lehrjahre einer Königin. Packende Geschichtsstunde mit oscarreifen Darstellern.

Four Weddings and a Funeral (Mike Newell, 1994)
Machte Hugh Grant zum Star und rief originalsprachlichen Zuschauern ins Gedächtnis zurück, wie angebracht ein herzhaftes „Bugger!" gelegentlich sein kann.

From Hell (Albert & Allen Hughes, 2001)
Wer war Jack the Ripper wirklich? Größtes Problem der teuren Ripper-Spaziergänge ist, dass vom damaligen Whitechapel heute kaum etwas übrig ist. Für den Film wurden die Originalschauplätze mit viel Aufwand so originalgetreu wie möglich nachgebaut.

Mary Poppins (Robert Stevenson, 1964)

Klar, die Kulissen sind genauso unecht wie Dick Van Dykes Cockney-Akzent. Aber Mary Poppins ist immer und zu jeder Zeit superkalifragilisticexpialigetisch.

Mona Lisa (Neil Jordan, 1986)

Thriller und Liebesgeschichte mit großer Szene auf dem Palace Pier in Brighton.

Notting Hill (Roger Michell, 1999)

Alteingesessene Anwohner machen den Film mitverantwortlich dafür, dass der hippe Stadtteil im Bürgertum angekommen ist. „Notting Hill" bleibt die ultimative Geek-Fantasie, aber ganz gleich wie oft ich die Portobello Road hoch und runter stapfe, Julia Roberts ist mir leider nie über den Weg gelaufen.

Shakespeare in Love (John Madden, 1998)

Wurde nicht im Globe Theatre gedreht, sondern im Studio, ist aber der bisher beste Film über die Energie, die Unmittelbarkeit und den Spaß, den eine Theateraufführung im Globe mit sich bringt.

Snatch (Guy Ritchie, 2000)

Nicht alle Londoner sprechen so proper wie die Queen. Die dicken Akzente in „Snatch" stellen Englisch-Leistungskursler auf eine schwere Probe. Brad Pitts Zigeunerkauderwelsch hingegen kann niemand verstehen, auch kein Engländer.

Buch

Arnott, Jake – The Long Firm (2000)

Spannende, brutale und doch oft humorvolle Story über einen Londoner Gangsterboss in den sechziger Jahren. Folter, Erpressung, Pornografie, Judy Garland.

Ayckroyd, Peter – London: The Biography (2000)

Kein Roman, aber auch nicht wirklich ein Sachbuch. Die Geschichte Londons auf über 800 Seiten, jedoch nicht chronologisch sachlich präsentiert, sondern thematisch gegliedert und in flüssiger, gelegentlich etwas blumiger Prosa geschrieben.

Conrad, Joseph – The Secret Agent (1907)
Verbrechen und Anarchie in Soho.

Defoe, Daniel – A Journal of the Plague Year (1722)
Ein als Roman verkleidetes Sachbuch. Defoe beschreibt mit seinem Onkel als Ich-Erzähler den Pestausbruch 1665.

Dickens, Charles – Oliver Twist (1837)
Wenn er nicht gerade durch Londons Pubs tingelte, schrieb Dickens fleißig an seinen Geschichten. Mit „Oliver Twist" nimmt Dickens den Leser mit in die dunklen Ecken des viktorianischen London.

Doyle, Sir Arthur Conan – The Complete Sherlock Holmes (1887-1927)
Vier Bücher, 56 Kurzgeschichten. Unverzichtbar.

Glinert, Ed – The London Compendium (2012), Literary London (2007)
Informations-Overkill. Glinert trägt Fakten, Anekdoten und Geschichtchen über beinahe jede vergessene Seitengasse (und jede Prachtstraße) aus Londons Geschichte zusammen und gruppiert sie geografisch. Die schiere Menge ist etwas erschlagend, in kleinen Dosen genossen jedoch faszinierend.

Greene, Graham – The End of the Affair (1951)
Sex und Katholizismus in London nach dem Zweiten Weltkrieg.

Hamilton, Patrick – Hangover Square (1941)
Rabenschwarze Komödie über unerwiderte Liebe, unerfülltes Potenzial und London vor Ausbruch des Zweiten Weltkrieges.

Hanson, Neil – The Dreadful Judgement (2002)
Fiktionalisierte, aber gründlich recherchierte Chronik des großen Brands von 1666.

MacInnes, Colin – Absolute Beginners (1959)
Vergessen Sie die öde Verfilmung und tauchen Sie ein in die Londoner Mod-Szene von 1958.

Nicchol, Charles – The Reckoning: The Murder of Christopher Marlowe (2002)
War der Bühnenautor und Zeitgenosse Shakespeares tatsächlich Opfer einer Intrige? Ob Nicchols Thesen einer gründlichen Überprüfung standhalten, vermag ich nicht zu beurteilen, aber er präsentiert sie zumindest als spannende Verschwörungsgeschichte.

Picard, Liza – Restoration London (1997); Dr Johnson's London (2000), Elizabeth's London (2003), Victorian London (2007)
Die Hobby-Historikerin nimmt sich jeweils eine Epoche vor und beschreibt enthusiastisch und anschaulich das tägliche Leben in London.

Selvon Sam – The Lonely Londoners (1956)
Karibische Einwanderer in den 50er Jahren. Interessant zu lesen, weil in kreolisiertem Englisch geschrieben.

Tinniswood, Adrian – His Invention So Fertile: A Life of Christopher Wren (2002)
Biografie des berühmten Architekten, detailreich und mit flüssigem Erzählstil.

Woolf, Virginia – Mrs Dalloway (1925)
Literaturklassiker der Bloomsbury-Ikone.

Musik

Bus Driver's Prayer – Ian Dury (1992)
„Give us this day our daily Brent, and forgive us our Westminster."

Day on the Town – Madness (1981)
„Getting the tourists into their traps Taking their money, the shirts off their backs"

Down to London – Joe Jackson (1993)
„Stop – what's that sound? Seems like the sixties are still swingin' around."

Electric Avenue – Eddy Grant (1982)
„We gonna rock down to Electric Avenue, and then we'll take it higher."

For Tomorrow – Blur (1993)
„Let's take a drive to Primrose Hill, it's windy there and the view's so nice."

Kew Gardens – Ralph McTell (1969)
„The air was cool on lily pools, hazy lazy…"

London Calling – The Clash (1979)
„London calling at the top of the dial, after all this, won't you give me a smile."

Portobello Road – Cat Stevens (1967)
„Nothing looks weird, not even a beard, or the boots made out of feathers."

Primrose Hill – Loudon Wainwright III (1998)
„From the top of the hill there's a hell of a view, Houses of Parliament and London Zoo."

Soho – UK Subs (2002)
„And every freak on every street plays out tonight – go see them."

Sunny South Kensington – Donovan (1967)
„Come take a walk in sunny South Kensington, any day of the week."

Waterloo Sunset – The Kinks (1967)
„As long as they gaze on Waterloo sunset they are in paradise."

We are London – Madness (1989)
„In all the nightclubs, strip joints and the bars, from its poorest paid to its highest stars."

WWW

Diamond Geezer
Londoner Blogger-Institution mit häufig längeren, überraschenden und tiefgründigen Einträgen.
(www.diamondgeezer.blogspot.de)

Hidden London
Für London-Novizen womöglich nicht die erste Anlaufstelle. Für Wiederholungstäter eine ausgezeichnete Informationsquelle für weniger bekannte Sehenswürdigkeiten.
(www.hidden-london.com)

Knowledge of London
Der Name ist Programm. Jede Menge Wissenswertes und Kurioses zu Themen aus Geschichte und Kultur.
(www.knowledgeoflondon.com)

London Expat Tips on London
Ein Singapurer in London. Sein Blog ist voller nützlicher Infos und amüsanter Beobachtungen nicht nur für Auswanderer, sondern auch für Kurzreisende.
(www.singaporeaninlondon.com)

London Lives 1690-1880

Informationen aus 240.000 historischen Dokumenten, aus Archiven und Datenbanken per Suchmaschine abfragbar, sowie auf ein paar Themenseiten zusammengestellt. (www.londonlives.org)

Londontown

Sehr gute Website mit vielen Infos und Tipps zu Sehenswürdigkeiten, Veranstaltungen und sämtlichen Aspekten des Londoner Lebens. (www.londontown.com)

Secret London

Tipps, Infos und Geschichten. Wirklich geheim ist nichts, unbekannt und skurril jedoch vieles. (www.secret-london.co.uk)

Soundmap

Kostenlose Audiotouren zum Download im .mp3-Format mit Interviews, Musik und Soundeffekten. Die typischen Touristenziele wie Westminster oder Tower werden nicht angesteuert, stattdessen geht es um Kultur und Subkultur von Brixton, Brick Lane oder King's Road.(www.soundmap.co.uk)

The Diary of Samuel Pepys

Pepys war Staatssekretär und Unterhausabgeordneter. Der Nachwelt ist er wegen seiner Tagebücher bekannt, die er von 1659-1669 führte und in denen

er über das London der Restaurationsepoche schrieb. Die Website bietet jeden Tag einen Tagebucheintrag (mit Begriffserklärung) und eine Funktion, mit der man gezielt nach Datum oder Thema suchen kann. (www.pepysdiary.com)

Time Out

Der Platzhirsch und immer noch die beste Quelle für Informationen, Rezensionen, Termine etc. (www.timeout.com/london) Und vergessen Sie nicht den Time Out-Blog. (www.now-here-this.timeout.com)

Visit London

Die offizielle Tourismus-Website mit vielen, vielen Kurzinfos. Für Sightseeing ein bisschen oberflächlich, aber praktisch für Reiseinfos (Traveller Information). (www.visitlondon.com)

Key bus routes in central London

to Hampst

139 to West Hampstead

Camden
M

23 Westbourne Park

Abbey Road

13 to Golders Green

The Zoo

Car

Lord's Cricket
Ground

London
Zoo

Ladbroke Grove
Sainsbury's

Lisson Grove

Sherlock
Holmes
Museum

Regent's Park

Albany Street
for The Zoo

Ladbroke Grove

453
Marylebone

159
Paddington
Basin

74

Paddington

Baker Street and
Gloucester Place

Madame Tussaud's

Great Portland Street

Tele
Tov

Warre
and Euston

Edgware Road

Pollock'
Toy Museum

Goodg
and Gowe

Marble
Arch

Notting Hill
Gate

Lancaster
Gate

148 **390** Queensway

274

Bond
Street

Oxford
Circus

8 **25**

Oxford
Street
Wardour
Street

Tott
Cour
Cam

to
White
City

Hyde
Park

Marble
Arch

15

Regent Street

Kensington
Gardens

Park Lane

Conduit Street

Eros

Shaft
Av

to
Hammersmith

9
10

Albert
Memorial

Royal
Albert Hall   Knightsbridge

Berkeley Square

Green Park

Royal
Academy

National
Gallery

Ne
Ce

High Street
Kensington

Science
Museum

Harrods   Wellington
Arch

Hyde Park
Corner

St James's
Palace

Piccadilly
Circus

Admira
Arch

Victoria &
Albert Museum

Green
Park

St James's
Park

Horse
Guards

74
to Putney

Natural
History
Museum

South
Kensington

Royal
Mews

Buckingham
Palace

Victoria

38 **73** **C2**

Victoria Street
New Scotland Yard

Westmi

14
to Putney Heath

Victoria
Coach Station

Westminster
Cathedral

Westminster
Abbey

Houses of
Parliament

Chelsea
King's Road

Sloane Square

Saatchi
Gallery

Belgrave Road

to Streath
to Str

11 to Fulham Broadway

24 Pimlico Grosvenor Road

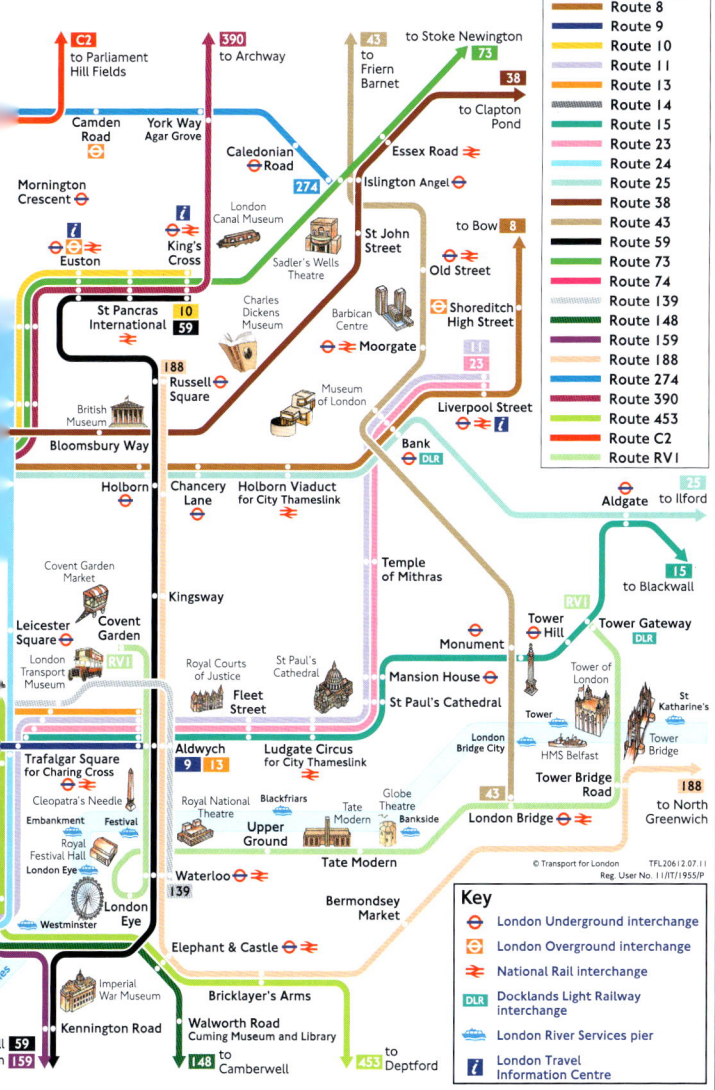

to Parliament Hill Fields **C2**

390 to Archway

43 to Friern Barnet

to Stoke Newington **73**

38 to Clapton Pond

Camden Road

York Way
Agar Grove

Mornington Crescent

Caledonian Road

Essex Road

274

Islington Angel

to Bow **8**

St John Street

Old Street

Shoreditch High Street

London Canal Museum

Euston

King's Cross

Sadler's Wells Theatre

Charles Dickens Museum

Barbican Centre

Moorgate

St Pancras International **10** **59**

188

Russell Square

Museum of London

Liverpool Street

1F **23**

British Museum

Bloomsbury Way

Bank

to Ilford **25**

Holborn

Chancery Lane

Holborn Viaduct for City Thameslink

Aldgate

Temple of Mithras

to Blackwall **15**

Covent Garden Market

Kingsway

Tower Hill **RV1**

Tower Gateway

Leicester Square

Covent Garden

Royal Courts of Justice

St Paul's Cathedral

Monument

Tower of London

St Katharine's

London Transport Museum **RV1**

Fleet Street

Mansion House

St Paul's Cathedral

Tower

Tower Bridge

Trafalgar Square for Charing Cross

Aldwych **9** **13**

Ludgate Circus for City Thameslink

London Bridge City

HMS Belfast

Cleopatra's Needle

Royal National Theatre

Blackfriars

Tate Modern

Globe Theatre Bankside

Tower Bridge Road

Embankment

Festival

Upper Ground

43

188 to North Greenwich

Royal Festival Hall

London Eye

Tate Modern

London Bridge

London Eye

Waterloo

139

Westminster

Bermondsey Market

Elephant & Castle

Imperial War Museum

Bricklayer's Arms

Hill **59**

m **159**

Kennington Road

Walworth Road Cuming Museum and Library

148 to Camberwell

453 to Deptford

© Transport for London
TFL206 12.07.11
Reg. User No. 11/IT/1955/P

Route 8
Route 9
Route 10
Route 11
Route 13
Route 14
Route 15
Route 23
Route 24
Route 25
Route 38
Route 43
Route 59
Route 73
Route 74
Route 139
Route 148
Route 159
Route 188
Route 274
Route 390
Route 453
Route C2
Route RV1

Key

London Underground interchange

London Overground interchange

National Rail interchange

DLR Docklands Light Railway interchange

London River Services pier

London Travel Information Centre

© Transport for London

† **Check before you travel**

Bank	Waterloo & City line open 0621-2148 Mondays to Fridays and 0802-1837 Saturdays. Closed Sundays and Public Holidays.
Camden Road	Step-free from July 2012
Camden Town	Sunday 1300-1730 open for interchange and exit only

Canary Wharf	Step-free interchange between Underground, Canary Wharf DLR and Heron Quays DLR stations at street level
Cannon Street	Open until 2100 Mondays to Fridays and 0730-1930 Saturdays. Closed Sundays.
Emirates Greenwich Peninsula	Opening summer 2012. Special fares apply

Emirates Royal Docks	Opening summer 2012. Special fares apply.
Farringdon	Step-free from July 2012
Gospel Oak	Step-free from July 2012
Hackney Central	Step-free from July 2012
Heron Quays	Step-free interchange between Heron Quays and Canary Wharf Underground station at street level

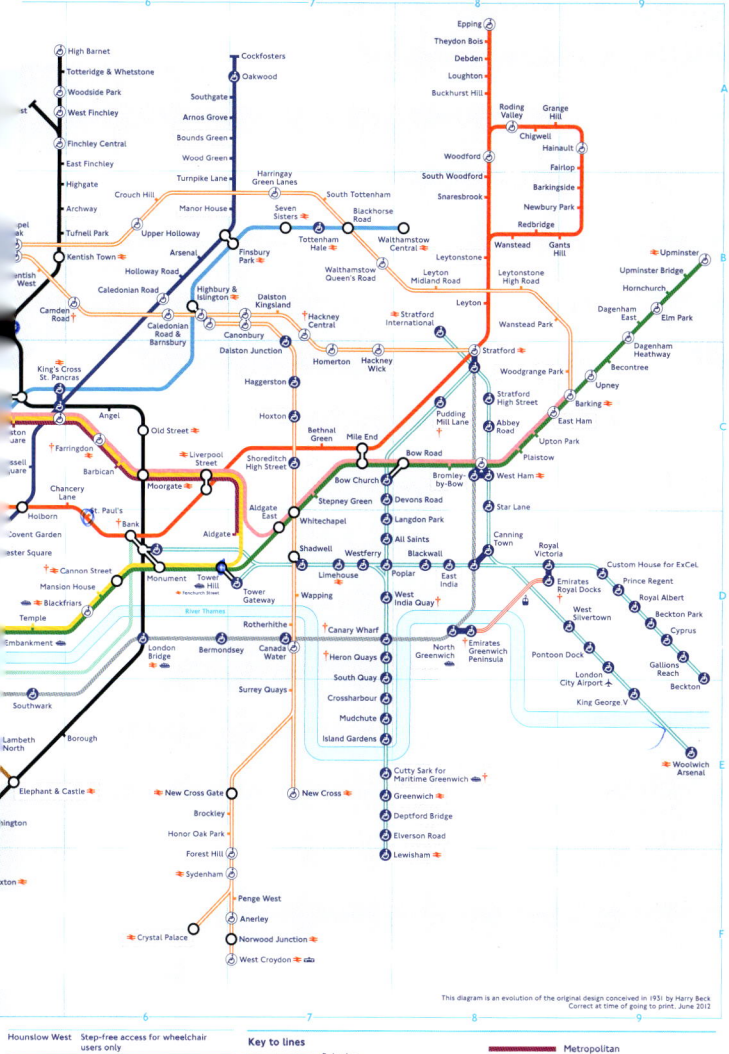

This diagram is an evolution of the original design conceived in 1931 by Harry Beck
Correct at time of going to print. June 2012

Hounslow West	Step-free access for wheelchair users only
Turnham Green	Served by Piccadilly line trains until 0650 Monday to Saturday, 0745 Sunday and after 2230 every evening. At other times use District line
Waterloo	Waterloo & City line open 0615-2141 Mondays to Fridays and 0800-1831 Saturdays. Closed Sundays and Public Holidays.

Key to lines

Bakerloo		Metropolitan
Central		Northern
Circle		Piccadilly
District		Victoria
District open weekends, public holidays and some Olympia events		Waterloo & City
Hammersmith & City		DLR
Jubilee		London Overground
		Emirates Air Line

Index

Impressum

Absolut London

ISBN 978-3-935258-15-9

Herausgeber: Willi Hau (v.i.S.d.P.)

Verlag: xplorer-Verlag, Offenbach
Copyright: August Hau GmbH & Co. KG
    Lessingstr. 36, 66123 Saarbrücken
Alle Rechte vorbehalten.
Redaktion & Lektorat: Steffen Schmidt

Bilder: Steffen Schmidt, außer: Ham/londondaily-photos.com (S. 10, S. 170 o., S. 184, S. 195, S. 196, S. 205, S. 214); Patti/Displaced Beachbums (S. 24 o.l.); Wolfgang Morscher (S. 33 u.r.); Matthew Rees (S. 38 u.l.); Vince Maher/WENN (S. 38 u.r.); Ian Nicholson/PA Wire (S. 41 o.r.); Tim Whitby/Getty Images (S. 53 o.r.); Oliver Spalt (S. 54 o.r.); James O. Davies/English Heritage (S. 66); Jose A. Leon (S. 76); Jekka Bootot (S. 88); Milly Hutchinson (S. 93 u.l.); TheLondonPhile (S. 93 o.r.); Petr Kratochvil (S. 96, S. 239); Michael Nassar (S. 98); Pauline/Fashionablegardener.com (S. 102); Cassandra/my2002in1001days.wordpress.com (S. 104); Laura Porter (S. 106 u.r., S. 248); Andreas